AF226542

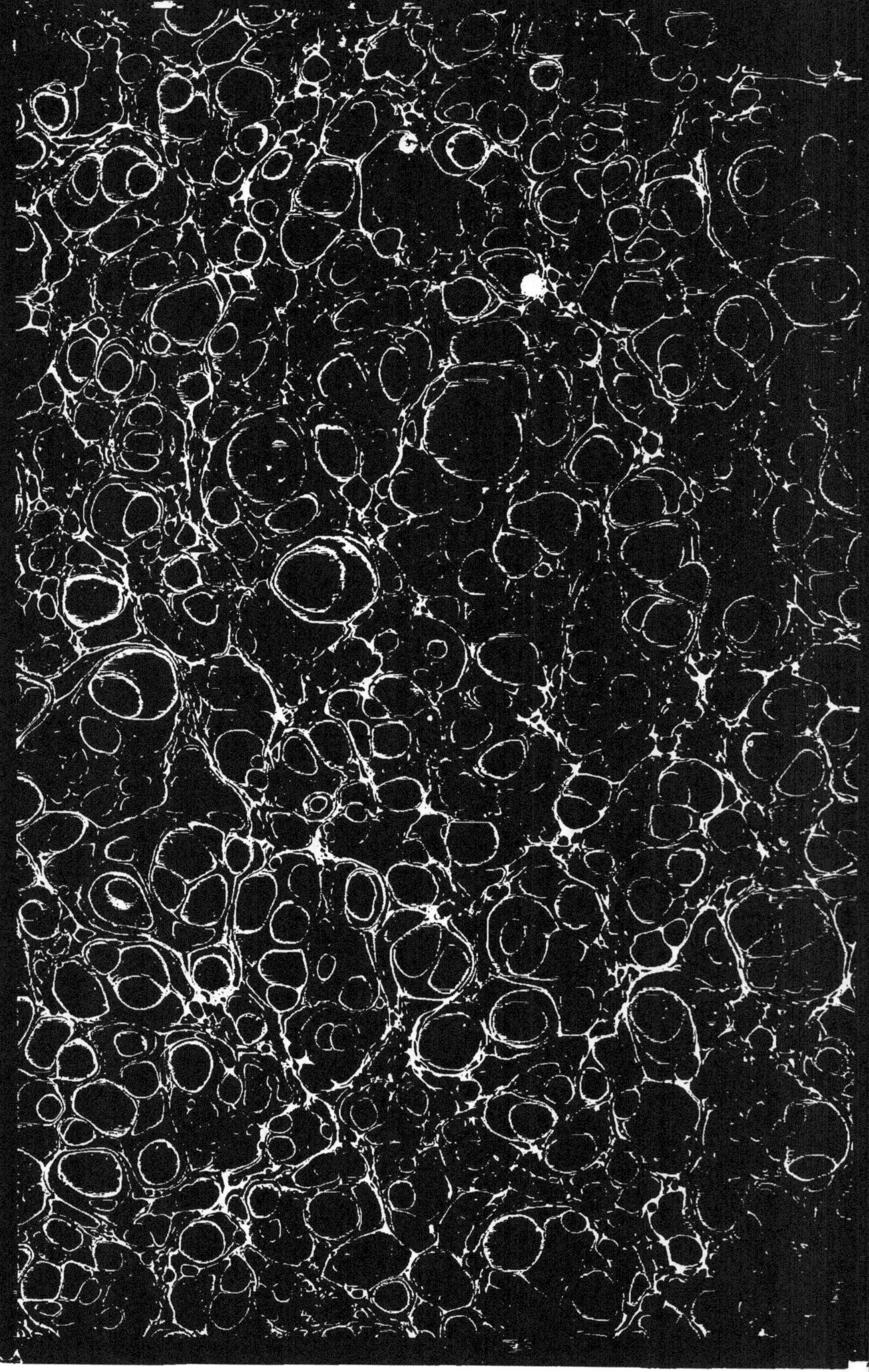

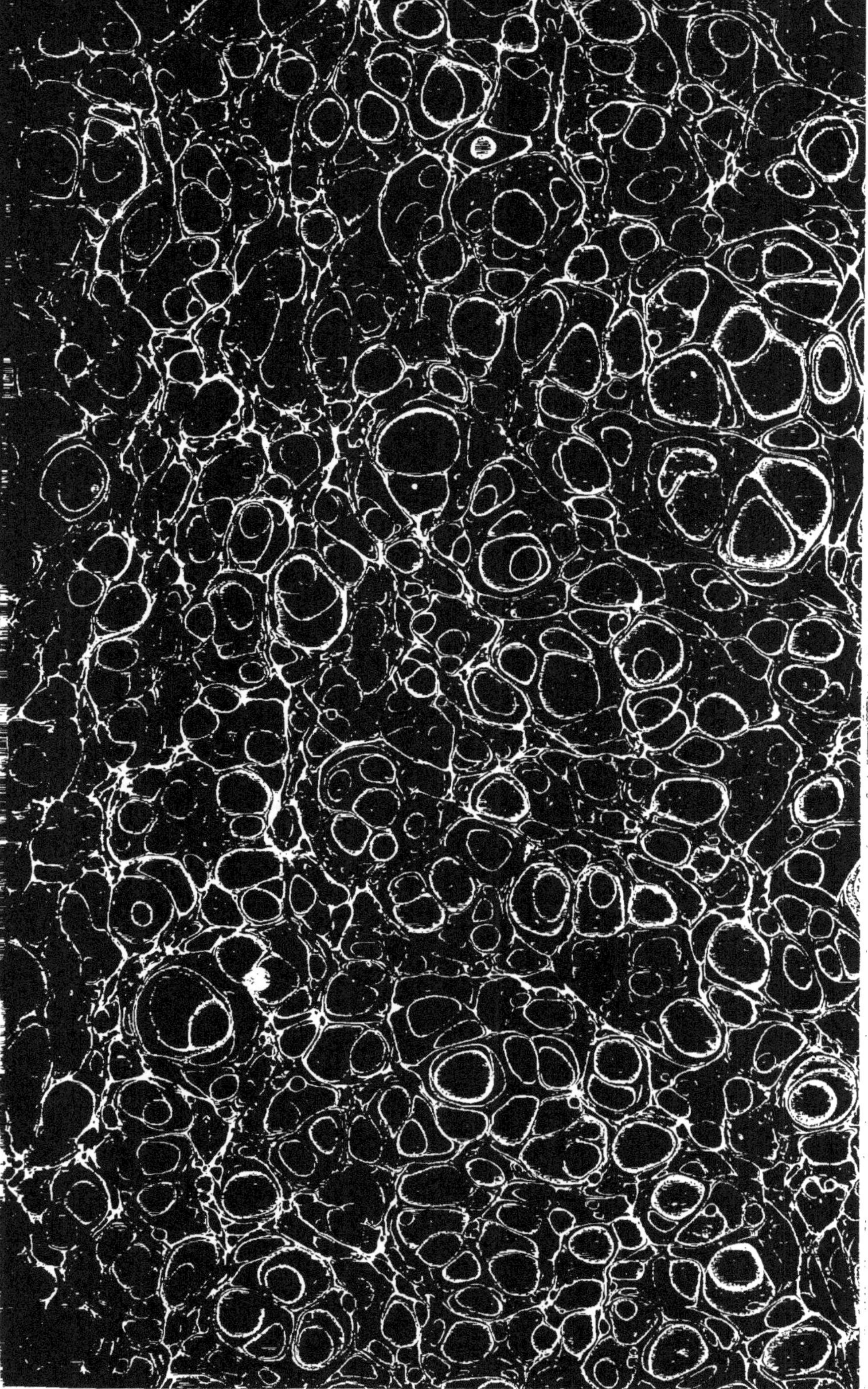

G

23685

DES DIFFÉRENDS

ENTRE

LES NATIONS CIVILISÉES

ET

DE LEURS CAUSES.

IMPRIMERIE DE E. DUVERGER,
Rue de Verneuil, n° 4.

DES DIFFÉRENDS

ENTRE

LES NATIONS CIVILISÉES

ET DE LEURS CAUSES,

PAR

LE COMTE **DAVID FRÖLICH**,

SUÉDOIS.

PARIS

CHEZ PAULIN, LIBRAIRE,

RUE DE SEINE, N° 33.

1842

DES DIFFÉRENDS

ENTRE

LES NATIONS CIVILISÉES

ET

DE LEURS CAUSES.

—◦◦◦—

CHAPITRE I.

INTRODUCTION.

Si quelqu'un s'avisait de poser la question : quelle est la politique de nos jours? à quelle réponse satisfaisante pourrait-il s'attendre? On a observé depuis longtemps que la politique d'aujourd'hui n'est pas semblable à celle d'autrefois. On est aisément porté à admettre que les changements qui ont eu lieu pendant ce dernier demi-siècle, non-seulement dans la position politique de plusieurs membres de la grande société d'Etats civilisés, mais aussi quant au développement général dans l'intelligence et le savoir des

1

peuples, ont dû nécessairement amener une autre politique; mais cette remarque ne fait qu'augmenter la curiosité de tout homme qui se sent porté à étudier ces matières. On lui dira en vain qu'à cette question il n'y a pas de réponse, parce qu'elle est trop complexe; qu'il faut avant tout distinguer entre la politique intérieure des États et leur politique extérieure; que, pour apprendre celle-là, il faut examiner les pays individuellement sous tous les rapports de leur configuration extérieure, puis leurs constitutions, leurs lois, leurs coutumes, pour juger ensuite de leurs forces matérielles et morales, et de la tendance des gouvernements plus ou moins influencés par l'esprit et le caractère des peuples. Quant à celle-ci, ou la politique extérieure, on sentira bientôt, par le sourire dédaigneux que lui vaut cette question adressée au diplomate jaloux, que l'exploration de ce domaine est réclamée comme un privilége exclusif des gouvernements; mais comme on voit déjà rôder là-dedans depuis longtemps une cohue innombrable de *politiciens* particuliers, sans compter tous les journaux et toutes les publications périodiques, on ne s'arrête pas par cette défense. Avec une ardeur proportionnée aux difficultés, on tâche d'arranger les observations faites comme on le peut. On médite alors la manière de combiner les matériaux, pour en faire ressortir ce qu'il y a de plus probable; mais à chaque moment les matériaux eux-mêmes changent de face sinon de substance; et quand vous étiez sur le point d'ériger enfin votre nouveau système politique, c'est-à-dire au moment que vous croyiez avoir bien découvert *quelle est notre politique générale actuelle,* et ensuite, par

~induction, *comment elle continuera à se développer de plus en plus,* vous trouverez bien des gens à vous persuader, avec des arguments en apparence irrécusables et s'appuyant sur l'insuffisance de tant d'hommes d'état les plus distingués, dont les tentatives les mieux fondées se sont écroulées, que vous n'aviez fait que des conjectures tout-à-fait incertaines sur l'avenir, et que, de toute la machine, vous n'aviez compris qu'un petit nombre de ressorts très actifs, mais cachés aux yeux de la multitude. Eussiez-vous même pu pénétrer à la connaissance intime de tous ces ressorts, leur complication se serait tellement accrue de jour en jour, que toute spéculation là-dessus aurait été ensuite aussi ridicule qu'inutile; que cette même complication croissante de la politique moderne était un des traits distinctifs de notre ère; et que c'était une chose aisée de prouver par l'histoire que tel devait être désormais l'effet du progrès de la civilisation: voilà ce que disent les uns, tandis que les autres voudront y chercher des preuves que cette civilisation ne vaut rien et qu'elle retombera encore une fois dans le chaos.

On vous citera, par exemple, de part et d'autre, que c'est à cause de cette civilisation qu'on ne trouve plus la simplicité en politique, cette heureuse simplicité d'un gouvernement absolu-universel, qui exista jadis au temps de Rome toute-puissante sous Auguste ou Vespasien; que si cette simplicité a encore été rétablie pour un temps et d'après bien des complications désastreuses sous un Charlemagne, et ensuite par Charles-Quint, ce fut toujours avec des difficultés plus grandes; qu'on a vu dernièrement le phénomène po-

litique colossal d'un Napoléon ne pouvoir qu'un moment donner à la politique du monde un point de vue
unique. Donc la civilisation moderne, laquelle dans
un mot embrasse non-seulement toutes les décou-
vertes mises à profit des sciences tant morales que
physiques, mais aussi toutes les révolutions occasion-
nées par là en tout sens, toutes les transformations
avec leurs réactions suivies d'associations et de con-
figurations nouvelles; cette civilisation est telle, qu'a-
près tout cela on ne peut entrevoir aucun principe
supérieur, ou plus actif que les autres, capable de
servir de point de vue fixe en politique.

Tel serait donc l'argument que l'on nous oppose-
rait pour nous dissuader de continuer nos investigations; mais quel en sera le résultat si l'on ne peut
échapper aux conséquences qui en dérivent? Vous
contenterez-vous d'avouer qu'il n'y a rien dans la
politique qu'un état *chaotique*, tant dans les principes
et dans ses bases que dans ces luttes que vous dites
ne pouvoir ni comprendre ni gouverner? ou bien,
direz-vous que la Providence seule réglera le progrès
et l'amélioration qu'on a voulu apercevoir dans les
conditions humaines; ou bien que, d'après une doctrine historique formée sur les antécédents cités et ne
chérissant pas trop la civilisation moderne, il serait
tout aussi possible que des revirements périodiques
viendront une seconde fois peut-être nous rejeter
dans le néant du moyen-âge. Que de civilisations an-
térieures, dira-t-on, n'ont pas été refoulées et ense-
velies par le temps, comme nous le démontrent les
vestiges que l'on trouve partout en Asie, en Afrique
et même en Amérique! Qui osera prétendre absolu-

ment que notre civilisation est plus indestructible, quand nous voyons encore tant de restes menaçants d'un esprit destructeur; et que cet esprit destructeur, dont l'effet a été constaté par l'histoire, n'est pas assez généralement combattu?

Personne ne niera que l'avenir du genre humain dépend en dernier ressort de la Providence divine. Mais quiconque a osé comprendre cette Providence comme elle peut l'être, en reconnaissant notre liberté morale d'action et de pensée, doit se sentir le courage de se sauver de l'abjection où il se verrait également plongé, soit en admettant un optimisme paresseux, soit en faisant abnégation entière de sa compétence intellectuelle. L'homme étant indomptable dans sa spontanéité investigatrice, et l'esprit dont il est doué sans cesse réveillé par cette même Providence divine qui l'assiste aussitôt qu'il semble s'endormir, ou que des difficultés trop grandes ont l'air de vouloir l'abattre, comment cet homme du dix-neuvième siècle ne se saisirait-il pas de la politique qui embrasse aujourd'hui toute vitalité humaine, si toutefois il lui voue une attention suivie et un examen impartial et sévère? Or pour cela les rapports, distinctifs du moins, en doivent à la fin être connus et appréciés, sinon réglés. Il semble être insupportable, tant à certains gouvernements qu'à toutes les nations qui ont quelque part dans la législation de leur pays, de ne savoir à quoi s'en tenir. D'ailleurs à quoi sert d'avoir accumulé de si grands trésors en observations philosophiques et historiques, s'il fallait encore, comme par le passé, se laisser aller au gré des événements ou aux prédilections de quelques puissances éminemment grandes et notoirement égoïstes? Avouons donc qu'il est impossible d'admettre de pareils faits et de semblables conclusions pour l'avenir!

Recommençons plutôt notre investigation, dans l'espoir qu'elle nous réussira enfin quand nous aurons bien trouvé la manière de s'y prendre.

L'histoire universelle, depuis qu'elle est devenue plus qu'une simple chronologie, ne nous a-t-elle pas prouvé que dans chaque période renfermant un certain temps et embrassant à la fois tous les Etats qui constituèrent d'abord la société civilisée ou qui y entrèrent pendant cette période, il y a eu toujours une certaine tendance générale qui a développé un esprit prédominant? Cet esprit, l'historien ne l'a-t-il pas trouvé en généralisant tous les faits? Par cette manière n'a-t-il pas pu établir le caractère de cette période comme époque historique? Que la nôtre est nécessairement régie de même, on ne saurait le nier; mais à cause de la complication et de la difficulté que l'investigation du principe en a subi, on s'est borné à titrer notre temps comme une *période de transition*. Par ce mot, il paraît évident que l'analyse s'est arrêtée à mi-chemin, pendant que nos *politiciens* se sont jetés sur des détails particuliers des Etats individuels sans avoir cherché à rattacher assez leurs observations aux principes généraux, laissant cet œuvre entièrement aux élucubrations des historiens dans l'avenir. Donc, s'il en est ainsi, il nous faut un autre genre d'analyse, c'est-à-dire celui des tendances et des principes prédominants; et pour cette analyse peut-être aussi une autre méthode. Quant à la synthèse, il paraît d'abord qu'elle doit être préparée à toutes les complications, c'est-à-dire qu'il lui faut de la continuité, afin qu'elle puisse s'adapter à des changements continuels produits quelquefois par des événements imprévus.

D'après ces réflexions préliminaires, posées tout en hypothèses, essayons de découvrir la méthode analytique qui servirait à notre but.

Au milieu d'une quantité de questions politiques qui se présentent à la fois pour être examinées, tâchons premièrement de fixer l'attention sur celles qui nous paraissent les plus essentielles, sans nous arrêter par les remarques qu'on pourrait nous faire sur ce que nous n'avons pas en premier lieu trouvé celle dont la solution nous aurait révélé le principe dominant que nous cherchons.

Demandons, par exemple : le principe suprême de notre politique actuelle, est-il la paix? Tout le monde entend retentir de presque tous les cabinets ce principe comme un dogme; et il faut bien y ajouter quelque foi, quand nous voyons 1º que la paix a pu se maintenir plus que jamais sous des auspices assez belliqueux, et 2º que les cinq grandes puissances viennent d'affirmer que leur accord est la base la plus sûre de la conservation de la paix générale en Europe [1]. Mais nous qui ne nous contentons pas de prendre acte seulement des protestations ni même des faits, si nous n'en voyons les causes bien évidentes; nous qui voulons plutôt chercher une solution philosophique de cette question, nous nous

(1) Traité du 13 juillet 1841

sentons obligés de demander en outre : si la paix est le principe dominant de notre époque, pourquoi l'est-elle? cette paix est-elle fondée sur quelque équilibre des puissances dont les forces se balancent mutuellement? cette paix est-elle le résultat d'un sentiment de bienveillance de la part des gouvernements envers leurs peuples ou bien d'un sentiment de crainte de la part de quelques monarques, qui ne croient pouvoir plus contenir leurs peuples, un peu portés vers la révolte, si le coup de canon venait à partir? ou y a-t-il peut-être chez ces mêmes peuples un intérêt plus grand que la réforme politique dans le développement de l'industrie et du commerce pour lesquels la paix est une condition *sine quâ non?* S'il en est ainsi, de quelles forces comparatives cet intérêt se trouvera-t-il, à une certaine époque, en face des différends et des discords qui peuvent bien naître de cette même tendance industrielle? ou y a-t-il peut-être encore chez quelques nations, y compris les gouvernants et les gouvernés, un désir de faire la guerre, contenu seulement par l'épuisement actuel de leurs finances? Enfin peut-on entrevoir çà et là une tendance morale, commençant à naître et à se répandre, et ayant pour base autant un sentiment religieux qu'une réclamation de justice? En d'autres mots : veut-on établir le droit par-dessus tout autre pouvoir? Si cette tendance existe, ne doit-elle pas se chercher des sympathies chez tous les peuples du globe sans distinction, afin de devenir une force morale capable de retenir les explosions ultérieures des restes de la barbarie, savoir : l'esprit de discorde, de conquête et d'envahissement. Voilà des questions politiques à résoudre une à une d'abord, puis à comparer l'une à l'autre dans le but d'en obtenir à la fin la solution de notre première question : quelle est la politique actuelle? et ensuite, peut-être, quelle doit être la politique du dix-neuvième siècle?

Lecteur philosophe et philanthrope, car ce n'est qu'à toi qu'est adressée cette introduction, te voilà placé à la hauteur de tout ce qui peut le plus intéresser l'humanité; tu peux jeter tes regards autour de toi en telle direction qui te plaira, et diriger ton coup d'œil sur telle nation particulière ou bien sur telle configuration d'Etats, formant un système politique à eux. Tu verras sans doute quelques formations d'une complication fâcheuse qui t'offriront des difficultés et t'obligeront peut-être à descendre pour en faire une analyse particulière; mais tu reprendras aisément ta position élevée de juge universel, et, tout en formulant peu à peu ton système politique d'après lequel tu feras rentrer les faits sous un arrangement scientifique que la politique n'a jamais eu, tu y resteras toujours planant au-dessus de l'humanité entière. Si tu nous vois de temps en temps nous occuper de la politique de certaines nations prédominantes sans songer à tous les Etats moyens et petits, ou bien si nous nous laissons embarrasser par des tracasseries intérieures, sans nous apercevoir combien nous nuisons peut-être au bien-être général en nous attachant trop à ces petitesses, montre-nous alors de quelle importance il est pour nous de porter nos regards vers les principes universels, afin que nous puissions ensuite nous approcher de l'unité et du but que nous a montré tant de fois, dans le lointain, le doigt de Dieu.

Nous conviendrons à la fin, éclairés par toi, qu'il y a eu toujours un progrès continuel vers la justice, quoiqu'il soit resté longtemps presque insensible et n'ait été bien constaté que depuis notre réveil moral. Mais à présent, si nous avons cette conviction, ne serait-il pas impardonnable de ne pas accepter la justice et le droit comme règle suprême en politique pour l'avenir?

Si tu sais bien te prévaloir de toute la force que tu auras par association, si tu fais ensuite ton devoir de juge impartial sans dévier de ton but, nous verrons peut-être le machiavélisme te céder ensuite le pas. Nous le croyons; mais tu as encore une autre tâche, et plus facile à toi qu'à personne. Tu t'empareras de la civilisation et tu l'épureras. Cet enfant non baptisé du siècle n'est, à coup sûr, pas encore bien connu; son éducation a été d'abord bien négligée : c'est pourquoi on n'a pas pu lui donner la part qui lui appartient de droit en toute considération politique. Au lieu de lui tendre la main, au lieu de recueillir ses manifestations dans tous les phénomènes de la vie morale, sociale et politique contemporaine; au lieu de le reconnaître dans toutes ses tendances légitimes et de consolider celles-ci dans ce qu'elles ont d'homogène, on le laisse courir à l'aventure comme un vagabond sans nom, sans demeure fixe, remuer partout les esprits, occasionner des troubles, puis amener des querelles et enfin la guerre. En naissant il fut pourtant, dit-on, destiné à sauver le monde de l'oppression et de la haine mutuelle; mais faute d'être bien dirigé, il s'égare souvent: et qui osera, maintenant, s'en emparer pour le corriger, si ce n'est la

philosophie ? C'est par elle qu'il pourra se diriger lui-
même, si vous lui procurez l'occasion de se reconnaître, et en retour, c'est par lui que vous rassemble-
rez tous ceux qui se croient en ce moment ennemis
et qui finiront par s'embrasser après avoir jeté les
armes ! Que la philosophie politique reste donc dans
sa chaire suprême, qu'elle s'environne de ses égaux,
s'établisse en aréopage permanent et qu'elle cherche
à se prévaloir de toutes les institutions déjà existantes
ou possibles à créer, afin qu'elle entre immédiatement
en voie d'action morale.

Lecteur philosophe, de quelque partie du monde
que tu sois ; car je ne t'ai pas un instant perdu de vue
comme être collectif et solidaire, telle est, je le répète,
la position que t'a donnée mon imagination. Mais tu
as bien dû t'apercevoir que ce n'est point d'un seul
pas téméraire que j'ai pu te conduire à ce sommet.
Te raconterai-je toutes les difficultés que j'ai éprou-
vées pour l'entrevoir moi-même ? Pour l'expliquer en
deux mots, il faut employer le même ton ; mais il suf-
fira de dire que bien des fois refoulé, à cause de mes
pas mal assurés, j'ai été obligé de commencer de nouveau, jamais bien sûr d'avoir trouvé le bon chemin.
Celui que je viens de tracer et que tu jugeras par toi-
même, a toujours monté à faire peur ; mais néanmoins
tu trouveras peut-être que les points de vue, où l'on
ne songe pas d'abord à se placer, donnent seuls l'a-
vantage de pouvoir se soustraire à l'influence de toute
sympathie pour les préjugés nationaux, de toute illusion sur des intérêts supposés qui n'ont pas encore
été bien considérés dans leurs rapports avec l'intérêt
général de la société humaine. Enfin l'étendue même

de l'espace contemplé impose l'impartialité et donne une ardeur nouvelle pour avancer. Partout s'élèvent encore des barrières immenses que je n'oserai jamais franchir seul ; mais content d'avoir cru m'apercevoir qu'il y a des passages possibles, j'espère que d'autres, mieux qualifiés, passeront. Ainsi, après avoir essayé de fixer de mon mieux le point de vue essentiel, je suis descendu en traçant mon chemin pour ne m'occuper que d'une partie du grand projet.

Voilà en substance l'histoire abrégée de cet ouvrage, et assez pour une introduction aux observations analytiques, incomplètes, qui sont contenues dans les chapitres suivants. On dira avec raison que le texte ne répond, en aucune manière, au vaste plan tracé dans cette introduction ; et c'est afin que le lecteur en soit encore mieux prévenu qu'il ne l'est déjà par le titre, et afin qu'il ne s'imagine pas que l'auteur, séduit par son ambition, croit offrir un œuvre scientifiquement arrangé et complet dans toutes ses parties ; que cet auteur inconnu, en donnant quelques notices sur lui-même et sur ce qui l'a déterminé à écrire en langue étrangère, se sent obligé de continuer plus en détail l'exposition de ses idées premières. Ceci est d'autant plus nécessaire que leur origine est due aux diverses publications qu'il va citer, et aussi aux tableaux politiques qu'il a eu occasion de contempler successivement pendant ses voyages, aux observations et aux conseils, mis à profit, du grand nombre de nouvelles connaissances qu'il a eu le bonheur de faire, et parmi lesquelles plusieurs ont donné à ses idées un intérêt et un encouragement sans lesquels il n'aurait jamais osé comparaître. C'est par ces motifs que l'auteur a cru ne devoir rien changer au récit suivant, quoique ce récit fût ébauché plus de deux mois avant cette publication et avant même qu'il fût décidé si elle aurait lieu en forme de brochure ou d'articles séparés, insérés dans une revue périodique. L'auteur s'expose par là au reproche d'avoir mêlé ensemble des notices insignifiantes avec les raisonnements préparatoires aux articles ou chapitres achevés qui vont suivre; mais il sait qu'il y a tant d'autres fautes dans son essai, composé à la hâte, qu'il se résigne d'avance à toutes les remarques sur la forme de la publication.

Quant aux tours un peu irréguliers des phrases, l'auteur espère qu'on aura égard à sa qualité d'étranger pour le juger avec indulgence sous ce rapport.

Paris, 15 janvier 1842.

Depuis plus de vingt-cinq ans membre actif d'une des quatre chambres du corps législatif de la Suède, l'auteur a eu occasion de prendre part, entre autres choses, aux délibérations, pendant les diètes, sur le système douanier de ce pays. Cette question est devenue de plus en plus entrelacée avec des questions de politique générale. On en reçoit parfois des éclaircissements qui ne paraissent pas suffisants, et comme il est du devoir de chaque représentant de se procurer des informations exactes sur l'état actuel de toutes les circonstances qui influent plus ou moins sur le commerce et l'industrie, l'auteur a cru nécessaire d'aller à l'étranger pour suppléer aux moyens ordinaires de s'instruire.

C'est dans les grandes capitales surtout qu'on peut rencontrer des personnes de toutes les parties du globe; mais ce n'est que dans l'intérieur de certains pays qu'on peut bien sonder les opinions et rassembler tous les détails nécessaires pour connaître et comprendre le grand mécanisme social dans toutes ses parties. Enfin, l'auteur s'est mis en route au mois de juillet 1841, et s'est dirigé successivement sur Hambourg, sur l'Angleterre, sur la Belgique, sur l'Allemagne et la Suisse, d'où il est entré en France. S'il ne s'agit pas ici de constater à quel point il a réussi à satisfaire sa curiosité, du moins il faut qu'il avoue que c'est en allant et venant ainsi d'une contrée à une autre, tout en lisant, non-seulement les journaux ordinaires anglais, français et allemands, mais aussi ceux de l'intérieur des pays qui ne passent que rarement au dehors, et tous les ouvrages de quelque réputation sur les matières en question, qu'il a conçu l'idée d'une brochure, quoique le plan en a nécessairement subi bien des changements.

Pendant les trois premiers mois de son voyage, il n'a trouvé partout que des raisons assez fortes pour compter sur une paix presque éternelle. C'est ainsi que, de toutes parts, on a montré l'empressement à s'étendre sur un des grands intérêts communs des nations, qui est né de cette même paix, savoir, l'extension et le perfectionnement des relations commerciales. Il est vrai que partout on fut occupé à continuer cette petite guerre de douane et de traités de commerce à part qu'on se fait depuis longtemps avec assez d'acharnement. En réfléchissant de plus près sur cet état de choses, deux vues différentes se présentèrent. L'existence des douanes et des restrictions qui empêchent une communication plus libre entre les peuples sont tellement d'ancienne date, que la plupart d'entre eux ne s'en aperçurent qu'à la cessation de la grande guerre. L'acharnement dont nous venons de parler n'était donc, sous ce point de vue, qu'un effort d'affranchissement ; loin d'être nuisible, il devait plutôt être considéré comme un signe et une tendance progressive vers la civilisation. Ainsi, tant que la paix durera, cette petite lutte ne pourra qu'être utile à l'humanité entière, en éveillant l'esprit industriel dans les populations jusqu'à présent inactives, en leur enseignant quelles sont leurs propres ressources, et en mettant ensuite en action tous ses ressorts, auparavant inconnus, qui se trouvent toujours chez les individus, sinon dans leurs gouvernements, aussitôt que la sécurité et la liberté d'agir sont données. Mais de l'autre côté, le résultat, en dernier lieu, de la petite guerre, utile jusqu'à un certain point, devrait vraisemblablement rendre plus visibles dans tous les détails, quels étaient les différends ou les causes des dissensions entre les nations, tant relativement aux diversités d'opinions que de véritables intérêts. Or, à une certaine époque, variable selon les circonstances et les localités, la lutte ne pourrait-elle pas, en tous les cas où des concessions mutuelles ne seraient plus l'effet nécessaire d'une force morale supérieure, amener la grande guerre précisément pour avoir rendu les points de différends si distincts et si bien sentis ?

En contemplant d'abord superficiellement, comme on est toujours porté à le faire, cette lutte constitutionnelle, d'une part entre les peuples et les gouvernements, et le mouvement diplomatique, d'une autre, parmi les gouvernements surtout des grandes nations, et en résumant tous les faits qui s'y rattachent par rapport aux peuples et aux Etats plus petits, l'auteur se sentit d'abord agréablement surpris de se voir justifié, quant aux observations faites d'avance, que les intérêts de ces derniers Etats commencent à y entrer pour quelque chose. Il vit qu'on s'informait déjà de leur statistique, par suite de leurs progrès en tout sens, et enfin de leur tendance générale. D'après l'exemple qu'a donné un Etat qui naguère n'était pas des plus grands, en se procurant une augmentation de forces tant morales que matérielles par une conciliation sage d'intérêts de ses petits voisins, il crut qu'il serait bientôt de mode, parmi les grandes puissances, de briguer l'association des Etats secondaires, non-seulement comme jadis, pour faire la guerre ou se défendre (ce qui viendrait sans doute en corollaire), mais plutôt pour faire ensemble l'industrie et le commerce plus libres et plus lucratifs. D'ailleurs, quand même encore il paraîtrait inévitable que les grandes puissances, en cas de guerre, décidassent seules, par leur ascendant matériel, du sort de la civilisation ou plutôt de son progrès; que, de plus, il fallût admettre qu'il dépend moins des sentiments des peuples que de leurs souverains et de leurs gouvernements que tel petit Etat fût uni à l'un ou à l'autre de ceux qui cherchent toujours à s'agrandir (question dont la solution renfermera toujours tout l'avenir, heureux ou désastreux de ce petit peuple), pourtant l'auteur s'est figuré qu'on peut présumer qu'en tant que ce frottement paisible se fait entre les grands et les petits Etats, il en résultera, dans un temps pas trop reculé, que les droits et les intérêts des nations à trois ou quatre millions d'habitants, ou moins encore, ne seront plus assujettis, comme auparavant, aux combinaisons et aux convenances toutes personnelles conçues, ou comme par grâce en faveur des chefs de ces Etats, ou dans l'intérêt tout-à-fait exclusif et accidentel des grandes puissances dites protectrices. C'est contre une telle politique que l'auteur avait toujours senti son sang bouillonner, et c'est aussi contre elle que les sujets des petits Etats doivent protester toujours et partout. Plus cette politique sera désavouée et rejetée par l'opinion publique, plus les petites nations et leurs chefs auront des motifs pour se rapprocher mutuellement, et en même temps pour se fortifier intérieurement par des mesures sages et convergentes. Enfin, il appartient indispensablement aux citoyens de ces petits Etats, aussi bien qu'à leurs gouvernements, de faire tout ce qu'ils peuvent pour faire valoir les vœux de leur pays dans les congrès à venir. Sans compter les combinaisons possibles entre ces Etats, en cas que la résistance fût nécessaire, l'exploitation seule de la vraie science politique par les savants, et le développement ultérieur de cette nouvelle branche d'études, qui commence à intéresser tant les hommes éclairés de tous les pays, nous voulons dire la statistique internationale, établiront indubitablement une influence morale très efficace pendant une paix prolongée.

S'il y a quelque chose de vague en ces réflexions, pourtant elles contiennent à peu près le résumé des

vœux qu'on entend exprimer partout, même dans les
classes inférieures dont l'opinion ne diffère pas essentiellement de celle qu'on trouve assez généralement
répandue en conversant avec des hommes éclairés et
qui réfléchissent habituellement sur la politique du
monde actuel. Enfin toutes les vues se rapprochent
assez dans ces matières. De plus, on a vu que l'état
actuel des choses, tel qu'il se présentait au commencement de l'année 1841, n'avait pas manqué de faire
son effet, c'est-à-dire d'accréditer la littérature politique. Des publications anglaises, allemandes et fran-
çaises, dans un genre plus universel qu'auparavant,
furent mises au jour. On citera entre autres les ouvrages de M. John Mac-Grégor sur la législation commerciale et financière de l'Europe et de l'Amérique[1],
du docteur Fr. List. sur le système national d'économie politique[2], et de MM. de la Nourrais et E. Bères,
sur l'association des douanes allemandes, leur passé
et leur avenir[3].

Je remarquerai ici, par rapport à ces trois ouvrages,
sur lesquels nous ferons par occasion des observations ultérieures, que tous les trois auteurs semblent
avoir été poussés par l'esprit dominant du siècle, à
des réflexions qui embrassent l'univers entier, et qui
tendent, selon les opinions d'un chacun, à un état de
force matérielle plus grande, de richesse nationale

(1) The commercial and financial legislation of Europe and America, etc.; by John Mac-Gregor. London, 1841.

(2) Der nationale system der politischen œconomie, etc.; von
D^r Fr. List. Stuttgard et Tubingen, 1841.

(3) Paris, 1841, chez Paulin, rue de Seine.

augmentée, et de position politique plus assurée et plus salutaire. Or, l'ouvrage de MM. Nourrais et Bères est surtout remarquable parce que les auteurs, afin de créer un nouvel équilibre dans le négoce des nations, exposent un projet d'associations analogues à celle de l'Allemagne, pour toutes les nations européennes.

Or, c'est bien là de l'économie politique, sur laquelle on a déjà tant écrit, qu'on a depuis longtemps combattue et même répudiée, souvent peut-être parce qu'on en demandait trop, parce qu'on voulut y trouver des préceptes de politique, pendant qu'elle ne sortait jamais des définitions de théories qu'on accusait d'être un peu trop métaphysiques. Mais ici, nous voulons parler de l'économie politique transcendantale et synthétique, ou de l'économie politique pragmatique et mise en action [1]. L'auteur fut un moment, qui pourtant dura assez longtemps, ébloui de ces phénomènes; il crut que l'esprit, qui paraissait avoir gagné tout le monde, se manifesterait par des créations soudaines et éblouissantes. Cet esprit de réorganisation des affaires et des relations commerciales, qui frappa non-seulement parce qu'il semblait presque entière-

---

(1) On sait que c'est encore une question combattue si l'économie politique doit embrasser quelque partie de la politique. Il y a des auteurs, comme M. Storch, et dernièrement M. Carey, de Philadelphie, qui considèrent toute séparation impossible de la doctrine « sur la nature, la production et la distribution des richesses, » d'avec celle sur la population, sur l'organisation de la société civile et commerciale, etc.; mais l'école anglaise actuelle, à la tête de laquelle M. W. N. Senior peut être considéré comme placé, ainsi que M. le comte Rossi. n'admettent plus que la science peut s'occuper d'autre doctrine que de celle des richesses.

ment occuper l'attention générale, mais aussi parce que l'auteur se crut autorisé à remarquer, qu'au lieu de ces traités séparés qui s'étaient faits autrefois entre deux nations, très souvent dans le but de nuire aux autres, on eût trouvé, depuis la paix générale, qu'il valait mieux établir les nouvelles relations sur des principes plus universels et embrassant à la fois les intérêts et les relations essentielles de toutes les nations civilisées et commerçantes. Il est possible qu'au début de ses recherches, l'illusion, que telle était aussi la tendance des gouvernements en général, se soit emparée de l'esprit de l'auteur[1], ou bien qu'elle lui fût suggérée par la lecture du livre de M. Mac-Gregor, que l'on s'imaginerait, par cette publication, avoir expliqué le but plus détaillé des tentatives en matière de douane, qui aurait pu être poursuivi successivement par le ministère whigs, s'il était resté au pouvoir[2].

L'espoir de voir enfin introduit par les Anglais eux-mêmes, et en pratique, un système de commerce plus libéral, tel que l'avait démontré en théorie leur illustre Adam Smith, et qu'on verrait bientôt victorieusement réfutée l'opinion de tous ceux qui prétendaient que les Anglais n'étaient pas sincères et qu'ils voulaient seulement induire les autres nations en erreur,

---

(1) J'en fais exprès l'aveu, afin que ceux qui, comme moi, veulent découvrir la vérité, se tiennent en garde contre leurs premières impressions.

(2) M. Mac-Gregor étant l'un des *joint secretaries* ou chefs de bureau au département du commerce (*board of trade*), déclare dans sa préface qu'il était seul responsable des données contenues dans son livre; mais ce fonctionnaire estimé est resté à sa place après le changement du ministère, en août 1841.

mais qu'ils garderont toujours eux-mêmes le système mercantile comme le plus profitable[1]; cet espoir, il l'avoue ici, berça l'auteur jusqu'au dernier moment, quand, placé à la barre du *House of Commons,* il eut l'occasion, au mois d'août 1841, de se détromper en plus d'un sens. Si tel eût été, en vérité, l'état des choses non-seulement en Angleterre, mais en Allemagne, et dans tous ces pays où l'on voit journellement dans les gazettes des articles remplis d'ardeur pour la réforme commerciale et des combinaisons mercantiles; ou plutôt si cette ardeur qui existe réellement, et qui ira sans doute en augmentant, n'eût à lutter contre des obstacles bien plus redoutables que des diversités d'opinions, des petits sujets de querelles, provenant des localités, de vieilles antipathies nationales ou des arrangements limitrophes à faire; on aurait cru que le moment n'était pas loin où il serait possible, par un congrès général de toute l'Europe et de l'Amérique, c'est-à-dire non-seulement des grandes puissances, mais de toutes les petites nations civilisées du monde, d'établir tout un nouveau régime de politique internationale qui introduirait ensuite des règles justes et invariables.

Or, l'époque où l'on pourrait placer les Etats plus directement sous la loi, est encore loin malheureuse-

---

(1) On verra ensuite que cette manière d'envisager les causes par lesquelles le système mercantile est encore en force en Angleterre, est très loin de la vérité et ne résulte que d'un manque de connaissances de faits. Rien n'est plus certain que, dans ce moment, *le commerce libre* serait profitable à l'Angleterre, s'il n'y avait pas des *obstacles parlementaires* à l'introduction d'un système fondé là-dessus.

ment; et quoiqu'il serait à propos, à ce que nous croyons, que les savants et les philanthropes de tous les pays commençassent à préparer scientifiquement les matières, pourtant l'auteur a été forcé de reconnaître de plus en plus, pendant ses courses de pays en pays, que même en se bornant aux Etats gouvernés d'après des principes moins absolus, c'est-à-dire aux Etats de l'occident de l'Europe, les circonstances qui d'abord lui parurent favorables étaient balancées, d'un autre côté, par des obstacles inattendus et formidables. Il conçoit parfaitement qu'on va se moquer de sa simplicité, d'en avoir jamais conçu l'idée comme possible; mais il se sent inattaquable de ce côté, et il répondra à celui qui voudrait lui en faire le reproche que, positivement, tout auteur qui tâche de faire ressortir les résultats de ses méditations dans un projet philanthropique, s'expose au même blâme.

D'un autre côté, tout projet synthétique, pour avoir quelque valeur, pour accréditer une idée, doit être précédé d'une analyse exacte des matières. C'est pour avoir d'abord négligé cette préparation que l'auteur conçut, par une seconde réflexion, qu'il avait agi plutôt en enthousiaste qu'en philosophe. Mais il s'en consola ensuite en observant que, parmi tous ceux qui s'occupèrent de politique, soit par goût, soit par devoir, très peu d'hommes, à ce qu'il paraît, se procurèrent d'avance une connaissance parfaite de toutes les choses qu'ils auraient dû auparavant examiner. C'est à la diplomatie que tient, si on le veut, légitimement l'exploitation de cette tâche importante. Mais la diplomatie ne s'occupe ordinairement que d'approfondir les parties de la science politique, ou plutôt

que d'avantager les intérêts privés de certains pays
individuels : aussi l'activité que fait naître cette sorte
d'intérêts n'est que trop souvent tout-à-fait stérile,
tant pour le peuple individuel que pour l'humanité.

Dans la science politique, M. Mac-Gregor s'est vraiment distingué, et ne rentre pas dans la classe des
diplomates ordinaires. Non-seulement il a publié les
remarques qu'il vient de faire avec cette liberté d'esprit et de caractère personnel indépendant, mais aussi
on trouve çà et là dans ses ouvrages des marques de
son esprit philosophique, qui lui a fait sentir que les
forces matérielles et les revenus nets de l'Etat n'é-
taient pas les seules choses à considérer, quoique, par
le titre qu'il a donné à son écrit, il s'est restreint aux
matières de législation financière et commerciale.
C'est ainsi, et tout en observant que la rédaction du
livre s'est faite à la hâte, qu'on doit concevoir la portée de sa pensée, quand, au commencement de la seconde partie de son ouvrage, il parle aussi des forces
morales des peuples, après avoir exposé les affaires
matérielles qu'il eut à traiter sous le point de vue le
plus élevé. En voici à peu près le texte en traduction.

« Un homme d'état qui saura bien combiner les
éléments d'une juste législation devrait être bien in-
struit, non-seulement quant aux pouvoirs physiques
et quant aux ressources de son propre pays, mais aussi
quant à ceux des autres nations, relativement à leur
position géographique, leur configuration, leurs productions naturelles et leur population. Il doit aussi
avoir compris le pouvoir politique et moral des nations, en tant que, par un coup d'œil comparatif du
système suivi des gouvernements respectifs, on pour-

rait observer l'avancement ou le retardement de la prospérité nationale, ou combien la liberté sociale, autant que le bonheur des individus, sont resserrés ou étendus. C'est alors seulement qu'on pourrait bien cemprendre dans ce siècle et rendre utiles, comme principes de législation, un sage emploi de ces éléments du pouvoir national, qui embrassent le revenu et les dépenses, l'occupation et le produit de son travail, etc [1]... »

On ne désavouera pas qu'on a fait un grand pas vers une connaissance plus exacte des peuples, en connaissant la base de la politique que vient de prendre M. Mac-Gregor, en publiant ce livre qui doit être dans les mains de tout homme d'état, ou qui, du moins, en cas de traduction ou de seconde publication, devrait servir de cadre à un ouvrage qui renfermât toutes les circonstances qui se rapportent au matériel des États. Mais d'après ce que nous venons d'ob-

(1) Les expressions de l'auteur étant un peu obscures en quelques endroits, on est obligé de rendre ici le texte anglais tel qu'on le trouve page 239 :

« A statesman in estimating the elements of just legislation must not only be well acquainted with the *physical power* and *resources* of his *own* but those also of others nations as regards their *geographical position, configuration, natural production and population.* He should also understand *the political et moral power of nations so far* as a comparative view of their respective governments may he considered as *advancing* or *retarding national prosperity*, or *as limiting* or *extending public liberty and individual happiness.* Then and not before, in the present age of the world, can he comprehend in legislative usefullness , the wise adaptation of those *elements of national power*, which comprehend the *income* and *expenditure*; the *occupations of the people* and the *production of labour*. »

server, ces tableaux des divers États et de leurs forces
que nous a fournis M. Mac-Gregor, ne suffisent pas
pour fonder une opinion certaine sur ce qui est le
plus avantageux d'arrêter pour chaque État, et encore moins pour oser jeter un coup d'œil détermina-
tif sur l'avenir d'un seul État. Quiconque voudrait,
comme l'auteur de ces pages, le savoir par rapport à
sa propre patrie, et croirait d'abord qu'il ait à fixer ses
idées sur ces données, sentira bientôt que son but
serait impossible à réaliser sans avoir mieux étudié
le caractère moral des peuples et des sujets de différends actuels qui existent entre eux, tant par intérêts
que par opinions, et qu'enfin il ne suffirait pas de
connaître les ressorts actifs dans quelques peuples,
mais dans tous.

Or, l'auteur fut ensuite pénétré de plus en plus de
la vérité de cette observation. Non-seulement il vit
que lui-même serait probablement désappointé dans
son but de bien savoir à quoi il devait s'en tenir pour
les intérêts de sa patrie, mais encore qu'il n'y aurait
aucune fin à ces luttes continuelles entre les États.
Que fera-t-on ? regagnera-t-on ses foyers, comme tant
de touristes, après avoir admiré l'extension toujours
croissante de Londres, le Rhin, les Alpes et Paris ?
Laissera-t-on mourir dans l'intérieur de l'âme remplie d'amertume, les idées inspirées par le spectacle
de toutes les magnificences et de toutes les merveilles
qu'on a eues sous les yeux? Non. S'associer aux hommes
éclairés qu'on a rencontrés partout, et tâcher d'avoir
les rôles distribués pour analyser, et de fixer scientifiquement les règles selon lesquelles l'éducation de ce
grand élément moral devra se faire. Projet beau, con-

ception idéale, sans doute, avoué comme juste et légitime, presque adopté, et devant renaître immanquablement un jour! Mais, que de doutes, que d'hésitations, que de difficultés!... Ne sera-t-il donc pas possible de trouver un seul fil de communication pour s'étendre, pour s'expliquer et pour dissiper tant de fatales erreurs qui empêchent un entendement général? Nous l'espérons. La Providence divine, qui a fait renaître l'élément moral, ne souffrira pas qu'il périsse, et elle trouvera le moyen, quand bon lui semblera, de lui assurer l'ascendant qui lui est destiné sur la politique des empires. En attendant, l'individu n'a d'autre devoir que de chercher la vérité avec réserve et de la dire avec fermeté partout où il croit l'avoir trouvée. Tel fut l'enchaînement des idées qui m'ont mis la plume à la main.

J'ai cru, d'après bien des méditations, que la première chose à explorer serait les véritables causes des différends un peu graves entre les peuples. Il y en a certainement plusieurs tout-à-fait imaginaires, qui doivent disparaître dès que leur fausseté serait reconnue, et ainsi, au lieu de véritables intérêts opposés, on ne trouverait peut-être, au bout du compte, que des opinions contradictoires.

Je m'empare donc de cette idée et je pose le titre de ma future brochure. Je commence à étudier sous ce point de vue les antipathies et les altercations que j'avais observées, et qui, sous diverses formes, se renouvelaient tous les jours. Je commence par analyser ces causes d'opposition et d'antipathie, de les classifier, c'est-à-dire d'établir une sorte d'échelle dans laquelle on les verrait les uns au-dessus des autres, supposant qu'on pourrait passer sous silence les causes futiles et transitoires pour ne s'occuper que des causes graves. Je suis assez avancé dans ce travail dans lequel j'avais embrassé toutes les nations à la fois. Il est question déjà de placer les causes d'irritation presque locales sous un point de vue à part, les plus grandes causes, par exemple, les prétentions insociales et inadmissibles de quelques grandes puissances guerrières et envahissantes au sommet de l'échelle. Je veux enfin, en poursuivant une analyse toute particulièrement morale, m'imposer de telles bornes pour ne pas dévier de mon but qui, à dire la vérité, ne paraît être pour moi que tout au plus de bien poser les questions d'importance. Mais, pour la seconde fois, je me sentis arrêté par un sentiment d'insuffisance : je m'aperçus que j'allais commettre la même faute que mes prédécesseurs, en voulant traiter séparément ce qui avait besoin d'être envisagé d'un même coup d'œil, c'est-à-dire l'examen des forces morales et des forces matérielles qui tendent irrésistiblement vers l'unité. On peut même dire avec vérité que c'est sous ce point que se concentrent toutes les luttes qui agitent le siècle ; mais cette unité ne peut se trouver que dans le droit, le droit naturel et éternel de l'homme, tant dans la grande société que dans la petite. En voulant embrasser le droit politique seul, j'embrassais l'autre. Il est donc impossible de se défaire de cette idée de droit dans notre siècle ! Le genre humain a été conduit alternativement, ou par la force matérielle, ou par l'imagination, la seule force morale qui pût germer dans un sol intellectuellement pauvre ; témoin l'histoire moderne ; jamais on n'eut un point fixe, faute de droit établi. Mais à présent, la tendance vers l'ordre, vers l'unité commence à apercevoir son vrai centre de gravitation. Il ne s'agit plus de rendre les peuples tranquilles et heureux ni par le prestige ni par l'engorgement des richesses : ils vous suivraient jusqu'à une certaine hauteur dans la direction d'un tel leurre, que vous leur aurez montré ; mais ils s'arrêteront bientôt en vous demandant de quel droit ? Ce droit, cette justice qu'on réclame maintenant en tout sens, religieux, moral et matériel, peut se manifester sous plusieurs formes, même en se trompant sur les moyens de l'établir. Ainsi, par exemple, on s'agite souvent pour de pures abstractions et pour des noms, quand on ne devrait avoir en vue que la réalité. Voilà pourquoi la question de république ou de monarchie inquiète tellement quelques esprits. Qu'importe ! C'est pourtant toujours sous le point de vue de droit, quelque caché que ce sentiment puisse paraître, quelque odieux qu'il se présente parfois sous son déguisement, qu'on le trouvera pourtant au fond de la tendance progressive de notre âge. L'empire du droit s'approche donc du genre humain ; il sera un jour proclamé, et toute autorité s'y soumettra, et par nécessité et par conviction. Mais il n'est pas dans ma mission de traiter du droit, et d'ailleurs le cours de droit ne peut embrasser la politique que d'une manière abstraite ; il est plutôt nécessaire, pour que ses principes descendent dans la conviction générale des peuples qui ne s'occupent guère d'études profondes, que la politique soit de temps en temps traitée d'une manière concrète, ou appliquée en plaçant sous les yeux de tout le monde

la réalité de la situation politique d'une époque donnée, embrassant non-seulement les États considérés
isolément, mais encore dans tout l'ensemble de la société civilisée. Le droit commun ou le droit des gens,
tel qu'il est reconnu par l'usage ou par les traités dernièrement conclus, ne saurait à la vérité dériver que
des principes de justice. Tel est du moins le seul
lien qui peut lui prêter de la force, et on l'avoue
volontiers en théorie ; mais comme loi, ce droit
des gens théorique est extrêmement incomplet.
Il lui fallait au moins un code nouveau auquel toutes
les nations eussent contribué, afin que cette loi, ces
règles fussent appliquées toujours et à tous les peuples.
Tant que cette dernière condition n'était pas observée, il ne valait pas la peine de parler de loi, parce que
là où n'existe pas l'idée primitive comme base : « que
tous les États sont égaux devant la loi, » il n'y a pas
de loi, mais seulement un arbitrage incertain des plus
forts.

On n'aurait pas donné tous ces détails, si la méthode selon laquelle on doit commencer une entreprise comme celle-ci n'était pas en tout temps une
question de la plus haute importance, comme aussi
de la plus grande difficulté. Nous avons vu, et nous
verrons encore plus dans ce qui va suivre, que la
synthèse, ou le projet tout accompli de MM. Nourrais
et Bères, doit être considérée, tout raisonnable qu'elle
soit, comme n'ayant d'autres fondements qu'une analogie supposée. Car « les rapports qui existent entre
les trente-cinq États de l'Allemagne ne sont pas une
raison pour conclure que ces mêmes rapports existent
entre les autres États particuliers de l'Europe, qui de-

vraient, selon leur plan, se former en confédérations pareilles. » Analogie, comme nous venons de le dire, supposée, mais non prouvée. Nous avons observé que le livre de M. Mac-Gregor, quoique intéressant au plus haut degré, par rapport aux éléments matériels des États et des peuples, ne fournissait pas tout ce qu'il nous fallait pour la construction d'un système politique solidement basé, parce qu'on ne se contente plus ni des allusions ni de quelques réflexions jetées comme par hasard sur l'état moral; on veut des preuves [1]. Or, les chiffres sont excellents pour les choses matérielles; quant aux conclusions en questions morales, l'investigation comme la démonstration exigent des voies tout à-fait différentes. Il ne s'agissait donc de rien moins, pour qu'on puisse ensuite fixer son opinion, que de pénétrer au fond du caractère et aux principes des ressorts actifs de toutes les nations.

Voilà donc le champ d'exploitation qui s'ouvrit à nos yeux! Il est immense, et cependant il est tout-à-fait nécessaire de le parcourir!

Je me tiendrai pourtant dans la sphère d'un simple observateur, et je me contenterai de présenter mes observations sur les causes des différends entre les peuples. Mais ces causes se multiplient sans cesse et plus vite qu'on ne peut les observer. La bro-

---

(1) On prétend qu'en général il appartient au système anglais de tenir un compte exact de chaque peuple, de chaque contrée sur toute la surface du globe, afin de pouvoir bien l'explorer à son avantage et tenir une balance arithmétique du profit qui peut revenir aux Anglais de chaque canton. On aurait tort de dire que l'ouvrage de M. Mac-Gregor est l'effet d'un tel esprit. Pourtant, il paraît n'avoir pas mis assez de soins d'en faire disparaître l'apparence.

chure présente, si elle était obligée de les suivre, serait illimitée. Cela n'est pas une conclusion inévitable. Mais la thèse du sujet qu'on devrait traiter, et dont la brochure n'est qu'un premier début, certes, elle ne peut cesser d'être un objet intéressant tant que les différends ne finissent pas. Les hommes qui, à notre époque, ont acquis quelque illustration dans la science politique, s'empareront de cette même thèse et la développeront dans toute son extension possible. Voilà ce que je désire vivement et ce que j'ose espérer et prédire. Du moins je n'entreprendrai pas de considérer les nations sous un point de vue collectif, avant d'avoir bien pénétré dans leurs caractères distinctifs.

Mais avant d'entrer en matière, l'auteur croit devoir consigner ici une observation générale et préjudicielle. En abordant la discussion des intérêts internationaux, l'importance de ce sujet, autant que le désir de ne pas heurter les sentiments personnels, nous impose le devoir de ne pas toucher aux choses qu'on est convenu de comprendre sous la dénomination générale de matière d'ordre public. Dans tous les États où les monarques prennent d'eux-mêmes une part plus ou moins directe à l'administration, et donnent à la politique suivie à l'intérieur une impulsion plus ou moins active, nous croyons qu'il y a une politique intérieure qui ne regarde que les institutions privées des nations individuelles, et une politique à l'extérieur qui exerce une influence prépondérante sur la destinée commune des nations. Mais cette distinction n'en est pas moins difficile à observer dans beaucoup de cas d'application, et s'il nous arrivait de sembler la

perdre de vue pour un moment, nous prions nos lecteurs de ne pas nous juger avant de nous avoir permis de développer notre opinion. Nous avons la confiance qu'ils ne tarderont pas à se convaincre que du
moins nos intentions sont sincères, et que ce ne sera
que par les plus graves motifs que nous nous déter-
minerons à toucher à des questions de politique intérieure.

Du reste, tout en réclamant le droit naturel de tout
homme et de tout publiciste d'énoncer avec franchise
son avis consciencieux sur les mérites de la politique
suivie par les monarques dans les affaires qui se rattachent aux intérêts généraux de la société humaine,
nous sommes d'autant plus éloignés de l'intention
d'affaiblir, par aucune de nos remarques, le degré
d'affection qui peut et doit exister entre les gouvernants et les gouvernés, qu'il importe infiniment au
but élevé que nous poursuivons, et qui n'est autre
que le maintien et la consolidation de la paix générale, que cet ordre public soit maintenu et raffermi
dans tous les États. N'ayant ni droit ni intérêt personnel de nous immiscer dans les questions de réforme et de gouvernement intérieur dans d'autres
pays que dans notre propre patrie, ces questions ne
peuvent avoir pour nous qu'un intérêt philosophique,
et cet intérêt-là nous prescrit la limite étroite dans
laquelle nous croyons devoir nous tenir.

D'autre part, le développement et la garantie des
droits individuels dépend, plus qu'on ne pense, du
progrès et du raffermissement du droit public inter-
national. Nous consignons ici ces simples remarques
qui fourniraient matière à des considérations très

élevées, et qui, à ce qu'il nous semble, n'ont pas encore jusqu'ici fixé suffisamment l'attention des publicistes et la sollicitude des gouvernements.

Fidèle au proverbe que « charité bien entendue commence par soi-même, » je place en tête de l'ouvrage le chapitre *sur le nord de l'Europe,* ensuite un autre *sur l'Angleterre* et un troisième *sur l'Allemagne.* J'examinerai ensuite la France. C'est là que je chercherai à publier ces divers chapitres à la fois ou séparément, comme le permettront les circonstances, tout en faisant la réserve de ne jamais considérer aucun chapitre comme suffisamment revu, avant d'être sorti du pays que je viendrais d'observer. Par cette détermination, je ne pourrais rien publier sur la France avant d'en être sorti. N'y étant pas encore venu, je ne la connais que par ouï-dire, que par les observations d'autrui. On dit que les Français, quoique raisonnables et bons, sont extrêmement susceptibles; qu'en leur disant la vérité, il faut ménager leurs sentiments avec une extrême délicatesse, de peur de ne réussir qu'à les irriter. Voilà bien des motifs pour conseiller à un descendant des Goths de ne pas s'y exposer et pour l'engager à se tenir la bouche close pendant son séjour en France. Néanmoins, si jamais l'auteur se décide à proposer quelque chose pour l'humanité, comme résultat de ses recherches et comme remède aux maux qui assiégent les nations contemporaines, ce serait aux Français qu'il voudrait s'adresser, non-seulement parce que les Suédois ont plus d'une raison de reconnaissance envers les Français, mais encore parce que, selon les apparences, telles qu'elles se présentent dans

le lointain au regard investigateur de l'auteur, il croit
que ce seront eux qui donneront le point d'appui,
sinon le premier élan vers un système de politique
nouvelle; que ce seront eux qui lèveront l'étendard
autour duquel toutes les nations civilisées du monde
viendront se ranger. Voilà aussi la raison essentielle
pour laquelle l'auteur a cru devoir s'exposer à tous
les désavantages de débuter dans une langue étrangère.

L'anonyme aurait sans doute mieux convenu dans
un tel cas; mais les avis de ses amis l'ont déterminé
à ne cacher ni son nom ni l'origine de la publication.
On lui a fait observer d'abord que, comme il n'y a ni
doctrine ni projet absolu dans ces feuilles, il n'y a
aucune raison de se cacher sous des prétextes de
modestie. Sa qualité de Suédois éloignera peut-être
toute prévention de cette nature qui fait souvent déconsidérer tant de livres; c'est-à-dire tout soupçon
d'une partialité quelconque, par la crainte qu'on se
fait souvent de rencontrer sous le voile de l'anonyme
un auteur mu par un intérêt matériel, comme citoyen d'un tel Etat, d'une grande influence, ou même
envoyé à dessein pour présenter les choses d'une
manière spéciale. Ni cette défiance, je l'espère, ni
aucune autre que je puisse imaginer, ne pourra
m'atteindre.

Heidelberg, au mois de novembre 1841.

CHAPITRE II.

DU NORD DE L'EUROPE.

Sous ce titre général, nous comprendrons la Suède, la Norwège et le Danemark, tous trois connus sous le nom ancien de Scandinavie, et la Russie.

La Suède étant unie depuis 1814 avec la Norwège par un pacte fédéral, ne présente plus à la politique européenne le même aspect qu'elle eut autrefois. Les conséquences de cette union ne paraissent pas encore être bien comprises sur le continent ; du moins les questions qu'on a adressées à l'auteur, pendant son voyage, démontrent assez clairement qu'on se fait des idées assez singulières sur cette partie de l'Europe, qui jadis fit quelquefois sentir son poids dans la balance politique, et qu'on considère aujourd'hui comme presque nulle. Cependant elle renferme indubitablement des éléments utiles pour la formation d'une politique européenne vraiment sociale. C'est pour les faire connaître un peu plus et en même temps pour réfuter quelques erreurs, dans lesquelles sont tombés même les auteurs mentionnés dans le chapitre précédent[1], que nous nous sommes trouvés obligés d'entrer dans quelques détails, tout en nous abstenant d'émettre notre opinion sur des questions où notre jugement pourrait ne pas être considéré assez impartial. Personne ne niera qu'un Suédois, en prenant la plume pour traiter un sujet de politique générale, ne se sente pas, à juste titre, forcé à répondre à des assertions comme celle que l'on trouve dans l'ouvrage de MM. de la Nourrais et Bères, qui, en parlant d'une union douanière, disent : « Que la Suède ne pourrait que se lier avec sa voisine, la Russie. »

Quand il est possible, comme nous venons de le voir, qu'on puisse assez ignorer en France l'état relatif de la Suède et de la Russie pour se laisser entraîner dans de telles conclusions, seulement peut-être par une considération purement topographique, il ne suffit pas pour nous de nier simplement, comme nous le faisons, que jamais le gouvernement suédois ne réussira à populariser une telle réunion avec la Russie, quand même elle serait désirée de la part des deux monarques respectifs. Nous comprenons fort bien qu'il y a plusieurs autres notions en vogue, au moyen desquelles on a pu arriver à la synthèse de ces auteurs. C'est pourquoi nous croyons devoir offrir à l'Europe entière la connaissance de quelques faits qui la détromperont peut-être.

Dans ce but, il nous paraît nécessaire de rassembler

(1) M. Mac-Gregor et MM. de la Nourrais et Bères.

en masse et de considérer à la fois ces notions erronées, qui, si elles étaient vraies, aboutiraient toutes
aux mêmes conclusions. Il y en a qu'on pourrait peut-
être regarder comme extrémement délicates à traiter
ouvertement, et voilà pourquoi ces questions deviennent éternelles, car les réponses données individuellement par les voyageurs suédois ne sont pas capables
de détruire les idées qu'on s'est faites là-dessus. Il n'y
a donc qu'une délicatesse mal entendue à ne pas répondre ouvertement à ces questions, qu'il est d'autant
plus nécessaire d'aborder, qu'il existe une autre raison
pour le faire, c'est que le peuple suédois a bien aussi
le droit de s'expliquer, quand on affirme sourdement
des choses qui blessent le sentiment national, et qui
nuisent essentiellement à ses affaires en soulevant
contre lui la défiance et en cherchant à faire croire
qu'on ne peut rien baser sur sa position, regardée
comme trop exposée aux changements, ou comme
n'étant pas suffisamment stable.

Voici les *soupçons* dont on nous a accablés presque
à chaque pas que nous avons fait, tant en Angleterre
que sur le continent :

1° Que la ci-devant dynastie, dite de Wasa, aurait
encore un parti en Suède, et que les membres de cette
famille peuvent conserver quelque espoir fondé de
remonter sur le trône suédois;

2° Qu'il y avait des dissensions graves et des antipathies nationales entre les Suédois et les Norwégiens,
qui rendaient la confédération extrémement problématique en cas de guerre ;

3° Que les Suédois entre eux étaient désunis et très
divisés;

4° Que leurs finances et leurs ressources étaient si mauvaises et si faibles, qu'en cas de guerre ils ne pourraient soutenir la moindre attaque;

5° Que pour toutes ces raisons, l'indépendance de la Suède n'étant que nominale, elle se trouvait obligée de s'allier à la Russie comme protectrice.

Il serait plus pénible que difficile d'expliquer d'où sont venues toutes ces fausses notions ; l'essentiel est de démontrer leur peu de fondement.

Quant au premier soupçon il est d'autant moins fondé, qu'il y a toute raison de croire, sur l'assurance des hommes bien instruits, que le hasard nous a fait rencontrer, que le représentant actuel de la famille en question n'a pas lui-même la moindre idée d'une prétention au trône suédois. Il ne saurait ignorer ce qui est constaté dans l'histoire suédoise, en remontant même jusqu'au paganisme, savoir que les Suédois n'ont jamais confondu l'héritage politique avec l'héritage civil et juridique, c'est-à-dire qu'ils ont toujours bien entendu la distinction entre le droit de succession au trône, accordé par un acte spécial du peuple, d'avec celui d'un propriétaire de biens-fonds, relevant de la loi civile. Le principe de légitimité, enfin, n'a jamais été tellement reconnu, que le peuple ne se soit cru en droit de l'appuyer ou de ne pas y avoir égard selon son intérêt, dans tous les cas urgents ; c'est pour cela qu'un ancien usage prescrit un acte particulier de la part du peuple, appelé *hyllning* (acte d'agréer), qui précède chaque couronnement, même du successeur légitime. Or, de l'ensemble de tout ce qu'il y a de droit et d'historique en Suède, le principe en fut depuis longtemps assez bien établi chez nous pour que les prétentions à la succession au trône suédois de la part des descendants d'un roi qui en a été chassé, ne soient plus souffertes. Le bien-être du peuple et la tranquillité du royaume établissent ce principe plus fortement qu'aucune autre raison, et on a pu voir, même dans un cas assez remarquable, que la raison d'état, comme principe actif, fût, même avant le développement d'un système constitutionnel, plus forte qu'une affection personnelle. Par exemple, la reine Christine, fille du grand roi Gustave-Adolphe, ne put jamais rentrer en Suède après son abdication formelle, malgré tous les efforts qu'elle fit pour cela, lorsqu'elle commença à s'ennuyer à Rome et à se repentir de son abdication. La grande reconnaissance, l'amour et la vénération que portait tout Suédois au grand roi son père, furent insuffisants, dans ce temps-là, pour détourner la nation de ses principes. Comment pourrait-on croire qu'une telle chose fût possible aujourd'hui, quand tout le monde doit savoir quels sentiments ont existé envers le roi déposé? Toutefois, si l'on croyait que des sentiments en faveur de sa famille existassent encore chez quelques familles nobles (nous n'en avons rencontré aucune), nous n'y répondrons pas par des assertions contraires, vu l'impossibilité de le faire avec certitude. Nous ne voulons pas non plus faire étalage de sentiments d'affection envers qui que ce soit, précisément pour cette même raison, et parce qu'il ne serait pas convenable à un seul individu de faire connaître ici son jugement personnel; nous disons seulement que la noblesse suédoise n'a pas aujourd'hui assez d'influence, et certes aucune autre classe de citoyens ne l'a plus qu'elle, pour imposer aux Suédois un roi selon ses désirs ou ses vues personnelles, qui serait en contradiction avec l'opinion bien établie du peuple. Voilà, nous l'espérons, assez de bonnes raisons pour ne pas s'arrêter davantage sur les apparences ou les droits présomptifs au trône suédois des descendants du feu colonel Gustafson (comme il s'appelait lui-même); quand même ces prétentions viendraient à être appuyées par les puissances qui sont en relation de parenté avec sa famille.

Relativement à la dernière assertion, et par une transition naturelle, nous devons ici parler des forces matérielles et morales que les Suédois pourraient opposer à toute puissance qui voudrait s'immiscer dans leurs affaires. M. Mac-Gregor, en estimant leurs ressources, ou plutôt en calculant les revenus de l'Etat, a été induit en erreur par l'inexactitude de la statistique suédoise. Il a porté le revenu trop bas, en ne l'estimant qu'à un million et quart de livre sterling[1]. Il ne savait pas peut-être que les frais les plus considérables pour l'entretien de l'armée suédoise, qui s'élève à trente mille hommes environ, et ainsi que pour les matelots de la flotte, sont fournis, quant au personnel, et même en grande partie quant à la tenue matérielle, par les

(1) *The commercial and financial legislation of Europe et America*, p. 173, contient le rapport suivant sur la Suède: « Le revenu provient d'une contribution d'environ 1s. 3 d. sterl. sur chaque habitant, des droits sur l'importation et l'exportation, celle-là oppressive sans être proportionnellement productive, des mines, des accises, des monopoles et des produits des domaines royaux; le tout s'élevant à un peu moins d'un million et quart de livre sterling. »

propriétaires des fermes suédoises, en conséquence
d'une prestation directe. De plus, les établissements
ecclésiastiques, l'entretien des routes, dans un pays
si vaste, et bien d'autres choses encore qui entrent
ordinairement dans les budgets modernes, ne prennent, quant au montant, qu'une très petite partie du
budget suédois. M. Mac-Gregor aurait dû rapporter
qu'en Suède il n'y a pas de dette nationale, et que la
Banque, dans laquelle il n'y a point d'actionnaire
privé, et qui par conséquent appartient exclusivement
à l'État, possède depuis quelques années un fonds métallique plus que nécessaire pour la circulation de ses
billets. Les revenus de cette Banque permettent une
accumulation de fonds pour des déboursements publics quelconques, etc. Quant aux forces morales, il
n'en parle pas, à moins que l'on ne veuille conclure
quelque chose de ces mots :

« Dernièrement une ombre d'idées plus libérales
s'y sont manifestées; » mais ces mots se rapportent
plutôt à ce qu'il a conçu du système de restriction et
de prohibition en Suède. C'est donc à nous de dire
quelque chose de ses forces morales. D'abord, nous
sommes portés à en attribuer une grande partie aux
idées libérales qui se développent de plus en plus, et
dans un sens plus étendu. La grande force, tant morale que matérielle, réside, sans contredit, dans la
classe des paysans qui, propriétaires de plus des trois
quarts du sol suédois, et ayant des droits politiques
constitutionnels, commencent depuis quelques années à sentir leur mission et à n'être plus une masse
inerte, dirigée par différents partis. Généralement
plus instruits déjà peut-être que les cultivateurs en

d'autres pays, on ne peut plus révoquer en doute leur tendance vers des lumières plus élevées, que leurs députés ont depuis longtemps manifestée dans tout ce qui se rattache à l'instruction publique. Les députés que les paysans sont encore obligés de chercher parmi eux, ont de tout temps, et dernièrement plus que jamais, montré qu'il se trouve dans cette classe, non-seulement des hommes d'un grand talent, mais encore, et généralement, un esprit public à toute épreuve. Quant à la classe moyenne, elle s'est accrue comme partout, et elle acquiert de jour en jour plus d'influence. Pour ce qui regarde la classe noble, nous nous contenterons de dire en passant, qu'elle n'est plus ni féodale ni aspirant à une influence dominatrice comme autrefois. Du moins, elle vient de faire à la dernière diète, dans le but de favoriser la fusion des classes par rapport à la représentation nationale, un sacrifice à l'autel de la patrie du seul droit de naissance qui lui restait, savoir celui par lequel tous les chefs des familles nobles, ou bien leurs délégués, constituent, sans aucune élection, l'une des quatre chambres législatives. Quoique ce pas généreux qu'a fait la noblesse suédoise ne soit pas encore entièrement définitif, il n'en est pas moins vrai que la fusion dont nous venons de parler s'accomplira, bientôt peut-être, d'une manière ou d'autre; et alors il est à présumer que toutes sortes de divisions plus apparentes que sérieuses qui ont existé jusqu'à présent s'éteindront. Au reste, il faut avouer que la solution de cette question sur la réforme de la représentation, d'après le plan qui fut rédigé à la diète dernière, n'est pas encore certaine. Il ne s'agit de rien moins, selon ce plan, que de faire cesser le pouvoir des quatre ordres, des nobles, du clergé, des bourgeois et des paysans, en faveur de tout le peuple et d'après un mode d'élection assez démocratique. Il est nécessaire pour cela que l'assemblée nationale, c'est-à-dire les quatre chambres, adoptent une seconde fois et sans modification le plan proposé. Il faut en outre la sanction royale, afin que la réforme soit complète. S'il en arrivait autrement, c'est-à-dire, si le plan était rejeté par l'un de ces cinq pouvoirs constitutionnels, il faudrait recommencer, ce qui probablement ne se ferait pas sans beaucoup de *frottement*.

Outre le principe de l'élargissement des suffrages et l'opinion généralement admise, que la représentation en quatre chambres est absurde au dernier degré, il faut encore considérer dans cette question, qu'en adoptant le plan proposé, on se rapprochera de la forme de la constitution norwégienne et l'on rendra par là l'union entre les deux nations encore plus solide.

Depuis 1814, les Norwégiens ont résolu, avec un succès éclatant, deux grands problèmes politiques : l'un, l'affranchissement d'un peuple, jusque-là obéissant à un monarque absolu et devenant tout d'un coup libre en recevant une constitution qui leur assure une liberté aussi parfaite qu'en aucune république; l'autre, non moins intéressant pour notre époque, comme question d'une application plus générale, savoir, l'essai d'une liaison fédérative entre des monarchies constitutionnelles, sous un roi, comme seul point d'union.

Cette *configuration* politique tout-à-fait nouvelle,

mérite peut-être une attention toute particulière.
Nous nous en occuperons, en priant nos lecteurs de
vouloir bien se demander si les principes sur lesquels
reposent les deux problèmes que nous voulons approfondir n'ont pas tous les deux contribué également aux résultats que nous allons d'abord indiquer.

Il n'y eut jamais en Norwège, une noblesse nombreuse et historique. On n'y comptait guère qu'une
douzaine de familles nobles parmi lesquelles une ou
deux étaient titrées, et qui ne purent opposer aucune
résistance à un système d'élection générale. Le clergé
n'y avait jamais eu, comme en Suède, des droits politiques. On craignit en Norwège, comme chez nous,
que les districts électoraux n'envoyassent à l'assemblée nationale que des paysans propriétaires qui,
comme en Suède, faisaient le plus grand nombre de
la population. Mais il n'en fut pas ainsi; les premières
années du moins, car de toutes les parties du royaume,
où il n'y avait guère d'autres habitants que des petits
propriétaires, sauf le juge territorial, le prêtre et son
sacristain, ces paysans, apparemment par une sorte
de modestie, ne songeant pas d'abord à eux-mêmes,
envoyèrent à la chambre un grand nombre de ces
autres hommes, tout en n'excluant pas de leur confiance ceux des autres classes, c'est-à-dire les nobles,
les officiers publics et les grands propriétaires qui
se trouvaient dans la contrée, et qui avaient quelque
influence personnelle. Mais ensuite, par rapport à
quelques questions graves, proposées de la part du
roi, comme celle par exemple de changer la loi fon-
damentale de manière à rendre le *veto* royal *absolu*
(qui, en matière ordinaire de législation, n'est que

suspensif), et en outre d'introduire de nouveau la nobilité qu'on venait d'abolir; le peuple crut s'apercevoir que ces représentants, juges, prêtres ou officiers, étaient un peu trop employés par le gouvernement, qui les faisait avancer à des charges plus lucratives ou plus honorables, ou bien les attirait d'une autre manière dans ses intérêts. Alors se fit une réaction par suite de laquelle la majorité des députés paysans alla toujours en augmentant jusqu'à ce qu'elle commença à ne plus trouver en son sein des hommes doués d'assez de talent ou de savoir dans les affaires.

Cependant les efforts que fit la petite nation dès le commencement, tant pour l'instruction universelle que pour les sciences, ne se sont jamais ralentis; aussi ces efforts ont insensiblement propagé l'enseignement et développé une éducation politique qui, au moment où nous sommes, commence à se manifester dans toutes les classes, et l'on peut dire aujourd'hui qu'il ne lui manque pas de sujets capables de remplir la fonction de député, même parmi les paysans; aussi ces députés sont-ils élus à présent comme au commencement de l'ère constitutionnelle de la Norwège, indistinctement parmi toutes les classes, selon leur capacité et leur caractère connu. L'esprit public est en tout victorieux, il est sage, il est persévérant à garder les libertés nationales et les droits constitutionnels. Dans toutes les occasions qui se sont présentées, le peuple n'a jamais manqué de montrer la plus parfaite loyauté et le plus grand dévouement à son monarque, tout en se réjouissant innocemment de son indépendance.

Quant aux relations de la Norwège avec la Suède, elles n'ont pu être fort étendues. Le long de la frontière s'élèvent des montagnes presque stériles avec très peu de passages; d'ailleurs, les deux nations n'ont pas beaucoup d'objets à échanger entre elles. De plus, il faut avouer que, de la part de la Suède, un système de restriction et une ligne de douane, quoique presque nominale, furent d'abord des entraves matérielles qu'on opposa à la fusion intime des deux peuples; ces entraves, jointes à quelques sujets de mécontentement, que l'on commentait dans les cercles en Suède, où l'on manifestait ouvertement le regret *de ce que la Norwège n'était pas transformée en une province suédoise* (idée, rendue autrement par un journal, cru ministériel [1]), durent naturellement faire une fâcheuse impression sur les Norwégiens et leur causer de l'ombrage. Ces derniers néanmoins, tout en revendiquant leur indépendance nationale, ont toujours fait preuve de la plus grande modération, et n'ont cessé d'accueillir avec politesse les Suédois voyageant dans leur pays. Aussi les Norwégiens ne tardèrent-ils pas à s'apercevoir bientôt que l'immense majorité des Suédois, et surtout les gens un peu éclairés de ce pays, ne prenaient aucune part à la manifestation de ces idées un peu hostiles. Comme toutes ces particularités que nous avons cru nécessaire de bien expliquer se rapportent plutôt au passé qu'au présent; comme il n'y a jamais eu aucune cir-

---

(1) Le journal *Minerve Suédoise*, publié à Stockholm, disait, il y a quelques années : « Que l'union entre la Suède et la Norwège était une union à faire pleurer. » *Eu forening att gräta ät.*

constance dans laquelle le peuple norwégien ait agi comme nation, de manière à donner des preuves de cette défiance et de cette irritation que MM. de la Nourrais et Bères semblent croire exister encore entre la Suède d'un côté et la Norwège, comme ancienne partie de la monarchie danoise, de l'autre, nous aimons à croire qu'on voudra bien nous prouver le contraire de ce que nous venons de dire, avant d'accorder une foi entière à l'assertion de ces auteurs. Nous dirons encore ici, quoique la remarque paraisse entièrement hors de notre sujet, que tous les germes de jalousie et de haine entre les Suédois et les Danois se déracinent de jour en jour; nous pourrions même citer bien des faits qui viennent à l'appui de cette remarque, comme des harangues publiques pour se complimenter en faisant allusion à l'extraction commune des deux nations.

Quant aux Norwégiens, ils savent, aussi bien que les Suédois, que leur intérêt suprême requiert l'union telle qu'elle est; que tout en reconnaissant que le développement du système constitutionnel en Suède éloigne de plus en plus tout péril pour les deux nations et toute agression qui aurait pour but de restreindre les droits des uns, en employant les forces des autres, ils trouvent que la réunion complète en une seule nation, sous un seul gouvernement, est non-seulement inutile, parce que l'unité de la monarchie, dans tous les cas où elle peut être nécessaire comme « force protectrice concentrée, comme soutien dans l'application des lois, » est aussi bien réalisée qu'elle puisse l'être, mais encore cette unité de monarchie rencontrerait bien des obstacles; car elle ne saurait pas s'accomplir sans altérer ou froisser les intérêts privés, matériels, les coutumes, les mœurs et les lois, naturellement un peu différentes d'après des siècles de séparation, et que chaque peuple est jaloux de conserver telles qu'il les possède. Cependant si cette fusion entière, que favorise la similitude des langues, peut se faire, elle ne doit avoir lieu que de la seule manière qui soit jamais désirable, c'est-à-dire peu à peu, sans contrainte, et même tout-à-fait imperceptiblement; car il n'entre pas dans l'esprit de liberté, qui n'a jamais pu être entièrement chassé du sol scandinave, d'amalgamer les nations par des moyens de législation, et encore moins par force.

La liberté civile des Suédois et des Norwégiens est tellement garantie entre ces deux peuples dans tous les rapports sociaux qui les unissent, qu'il n'est pas possible à l'un d'arrêter les progrès de l'autre. On comprend aisément qu'il en serait bien autrement si leurs assemblées nationales étaient réunies en une seule. Car si les Suédois et les Norwégiens avaient à voter ensemble, il est bien possible que le résultat n'en serait que d'encourager des tentatives qui auraient pour but de favoriser les intérêts des uns au détriment des autres.

Tel ne saurait être l'effet de l'état de deux ou de plusieurs peuples qui auraient chacun en législation une activité séparée, avec l'avantage d'une incarnation commune du pouvoir royal, pour la sanction des lois et pour la conservation de leurs intérêts politiques extérieurs.

Or, il paraît évident que ces avantages dont les deux nations scandinaves jouissent et qu'elles savent

apprécier [1], aussi bien que tout autre peuple dans une
position semblable, leur seraient ravis dès l'instant
que la royauté constitutionnelle viendrait à s'altérer
ou à détruire les rapports établis entre elle et les peuples, *en prenant une autre configuration* chez l'un
ou l'autre. Si cette royauté se rapprochait du pouvoir
absolu, il est bien possible que les fonctionnaires du
gouvernement, qui seraient les plus éloignés du trône,
se trouvant sous l'influence continuelle de l'opinion
publique, deviendraient eux-mêmes un contre-poids
au pouvoir absolu. Nous dirons plus, il arriverait
peut-être alors, par l'effet de cet éloignement, que le
roi se trouvât dans une position telle, que, pour concilier les esprits de la nation, il crût devoir se rendre
à leurs désirs, même sans faire usage de sa prérogative
royale d'une manière digne de cet attribut [2].

Ainsi un petit Etat, dans une position éloignée,
pourra jouir de tous les avantages qu'une protection
puissante et une constitution libérale peuvent lui
procurer. Mais quand les Etats sont très rapprochés
l'un de l'autre et à peu près égaux, celui où la volonté
nationale n'entre pour rien dans les résolutions du

(1) Parmi ces avantages, on pourrait compter aussi une sorte d'enseignement mutuel dans leur politique intérieure.

(2) En 1830 on en a vu un exemple remarquable dans la petite
principauté de Neufchâtel, où un roi, absolu dans son royaume de
Prusse, à la moindre manifestation du désir des Neufchâtelois d'avoir
une réforme dans leur organisation gouvernementale, leur offrit
d'avance sa sanction au changement qu'ils trouveraient le plus désirable. Or, ceci est un cas tout-à-fait exceptionnel, qui ne peut avoir
lieu en général, quoique le principe en peut assez clairement dé-
couler.

4

prince peut aisément servir d'instrument d'oppression. Et de plus, il ne faudrait qu'un soupçon peut-
être qu'il y eût une tendance quelconque à ce but,
pour éloigner toute relation intime, toute confiance
assurée entre les peuples, et pour rendre leur union
elle-même extrêmement précaire. En principe, le lien
ostensible n'étant que le roi et les attributions particulières de la royauté, communs en tout aux deux nations, il est absolument en règle que le roi ne soit ni
plus ni autrement roi dans l'un de ces royaumes que
dans l'autre. Et cette condition ne peut que très
difficilement s'accomplir sous le système constitutionnel le plus pur. En Angleterre, le principe de
royauté est assez pur, et c'est peut-être parce qu'il
s'est épuré de plus en plus dans les derniers temps
(après la grande leçon donnée par la défection des
Américains), que l'affection des Ecossais et des Irlan-
dais, aussi bien que celle des peuples des colonies, est
allée en croissant, et a rendu cette partie des institutions anglaises extrêmement forte. Mais comme il y a
en Angleterre un autre pouvoir plus puissant que la
royauté et le peuple, comme nous le ferons voir dans
un autre chapitre, il en est résulté que l'un ou peut-
être tous les deux Etats adjoints ont été, dans l'ancien
temps sinon encore à présent, exploités par le gouvernement des aristocrates. M. Daniel O'Connel a su
tirer parti de l'effet naturel de cette union anomale
de l'Irlande aux deux autres pays, pour appuyer les
réformes qu'il réclame en faveur de sa patrie. Mais,
pourrait-on dire, l'Ecosse est plus heureuse depuis la
dissolution de son parlement et son union entière
avec l'Angleterre. Cela ne prouve rien contre notre

observation, car l'Ecosse n'a jamais été gouvernée dans l'esprit constitutionnel que nous venons de poser comme condition absolue; au contraire, elle a toujours été en proie aux grands barons et aux chefs des clans, qui n'avaient chacun pour but que de chasser leurs rivaux d'auprès de la personne du faible monarque, et de sacrifier à leurs propres intérêts les intérêts du peuple écossais. Voilà ce qu'a recueilli l'histoire jusqu'au moment où la fusion a été complète.

Mais revenons de cette digression spéculative à l'union fédérative des deux peuples scandinaves et à une considération plus particulière des causes qui, comme on le prétend, peuvent nuire à sa solidité. En considération de ce que nous venons d'exposer sur le développement en Suède du système représentatif allié à celui de la monarchie constitutionnelle, on pourrait peut-être dire qu'il y a aussi là des tendances républicaines, et qu'en preuve de ces tendances, on pourrait alléguer une publication en Suède portant le titre *Révolution et République.* Mais l'apparition d'un tel ouvrage, dont l'auteur, par parenthèse, avait été mis dans un cas tout-à-fait exceptionnel, ne prouve rien quant à la supposition qu'une tendance républicaine soit répandue en Suède. Là, comme ailleurs, où la liberté de la presse est bien établie, on peut discuter le pour et le contre des formes de gouvernements divers dans un sens philosophique et comme un contre-poids à une tendance despotique, mais dans les actes publics des états-généraux, ni même dans les journaux de l'opposition, on ne saurait trouver des indices d'une telle tendance, qui, en vérité, nous le déclarons

nettement, serait assez mal avisée, et même impru-
dente, vu l'organisation presque générale des Etats
de l'Europe, la position géographique de la Scandinavie, les anciennes traditions et les coutumes des peuples. L'exemple de la Norwège ayant démontré qu'un
peuple peut être aussi libre sous un roi héréditaire
que sous un président électif, que les frais, plus grands
dans une monarchie que dans une république, peuvent bien être balancés par la plus grande fermeté de
tout le système gouvernemental, et par l'absence de
toute commotion périodique occasionnée par la nécessité de réélire le premier chef de l'Etat; il est à présumer même que, si jamais une tendance républicaine
se développe en Suède (ce qui n'est pas du tout probable sans une provocation extrême de l'autre côté),
certes les Norwégiens s'y opposeraient d'autant plus
fortement qu'ils auraient à craindre que, dans l'assemblée réunie, qui pour ce but devrait avoir lieu, un
seigneur suédois n'eût presque toujours la majorité
du vote. Et comme il y a encore une partie de la noblesse suédoise au nom de laquelle s'attache un sou-
venir d'avoir tenu les rênes du gouvernement, ces
réminiscences, impossibles à détruire, du patriotisme,
de la gloire et de l'ascendant de ces familles dans les affaires publiques, mais qui à présent n'ont aucun poids
à côté de la royauté constitutionnelle, pourront toujours devenir des sujets ou d'une ambition démesurée
ou de soupçons inquiétants. Donc l'union fédérative entre la Suède et la Norwège peut encore, sous ce point
de vue, être considérée comme un moyen très efficace à fortifier les deux peuples dans leur conviction,
qu'un système de monarchie constitutionnelle est

précisément ce qui leur faut pour leur donner la liberté et la sécurité au dedans, autant qu'une position convenable quant à leurs voisins et au rôle qui leur est préparé dans l'avenir.

D'après tout ce que nous avons dit jusqu'ici, et que nous avons tâché de deduire des lois éternelles de la nature des hommes, qui veulent à la fois être libres et protégés par une force suffisante et constante, nous croyons que les trônes de la Suède et de la Norwège, ainsi que l'union entre les deux nations pour tout objet défensif, sont d'autant plus raffermis, que le second grand œuvre de la dynastie actuelle, après l'heureux développement qu'a eu l'union, n'est pas loin de s'accomplir. Ce grand œuvre est la réforme proposée dans le mode de représentation en Suède. Cette réforme est donc un complément qui ne saurait qu'avoir lieu pour rendre plus entière la gloire des deux peuples et celle du fondateur de la dynastie actuelle.

Nous ne croyons pas exagérer ni nous faire illusion en disant que ces deux frères Scandinaves ont de belles espérances pour l'avenir. Ils ne demandent des secours de personne pour se défendre, n'ayant plus qu'un seul voisin qui puisse les attaquer. Cette assertion n'est pourtant fondée que sur la supposition [1] que le peuple danois sera sincère et constant dans l'affection qu'il a commencé à témoigner aux deux autres nations de la même souche. Au point où en est arrivée la civilisation générale, ce peuple, qui certes ne restera pas en arrière, connaît trop bien son

(1) L'auteur n'a traversé les îles danoises que très rapidement, il y a quelques années; ainsi il ne peut juger de rien que superficiellement.

propre intérêt pour se laisser encore entraîner dans leur ancienne politique, qui fut toujours de rompre la paix avec les Suédois, lorsque ceux-ci étaient attaqués du côté de l'Est. Il est vrai qu'alors la Suède se tenait constamment dans une attitude guerrière, que lui imposait la conservation de ses possessions de l'autre côté de la Baltique. Mais la Poméranie et la Finlande ne sont plus des sujets de querelles, et les Suédois, dont l'esprit, grâce à Dieu, est devenu plus paisible qu'autrefois, ont droit d'attendre un sentiment réciproque de la part des Danois, en reconnaissance de ce que les Suédois s'assujettissent encore à un paiement à la caisse d'Elseneur, pour le passage de leurs bâtiments et de leurs marchandises auprès de leur propre rivage dans la Sonde. M. Mac-Gregor s'exprime sur ce sujet avec rigueur [1]. On ne peut nier

(1) Page 115, contient ce qui suit : « Ce petit royaume a continué jusqu'aujourd'hui à lever sur tous les pays de l'Europe et de l'Amérique un des grands tributs ou droit de douane féodale, qu'il est étonnant que ceux-ci aient consenti à payer. Le tribut est un droit perçu sur toute marchandise qui passe et repasse par la Sonde, sur tout vaisseau qui entre dans la Baltique ou en sort par ce grand, large et libre passage de la nature. Il n'y a pas un seul principe du droit naturel ou politique, qui puisse justifier cette douane, et le Danemark, qui ne rend aucun service pour cette exaction, n'a pas même le droit du plus fort pour imposer ce tribut odieux et humiliant.

« Outre que cette exaction est fondée sur une pratique héréditaire, la pauvreté du Danemark a été alléguée comme un motif de lui payer cette taxe. Mais cette indigence, qui est causée par la législation du peuple danois ou par le défaut d'entreprise ou d'industrie de sa part, n'est pas une raison pour lui permettre de lever une *taxe des pauvres* sur le commerce et la navigation des peuples plus industriels et plus entreprenants. »

qu'au fond il n'ait assez raison ; mais un Anglais qui sait combien ses compatriotes ont contribué à rendre les Danois pauvres, en prenant leur flotte, en brûlant leur capitale, en les plongeant dans des dettes, pour reconstruire ce que les Anglais avaient abattu, ne devrait pas faire remarquer « *le fétu qui est dans l'œil de son frère,* » mais plutôt « *prendre garde à la poutre qui est dans le sien.* » A ce propos, nous lui dirons tout amicalement, que la même maxime, sublime et chrétienne, peut trouver son application dans la conduite de son gouvernement à l'égard de la Suède et de la Norwège, sol ingrat, dont M. Mac-Gregor plaint la pauvreté ; mais qui néanmoins ne laisse pas de fournir à l'Angleterre une grande quantité de planches et de poutres, et dont le droit d'importation rapporte à la caisse d'état des Anglais, à cause de la valeur réelle de ces effets en Angleterre, deux fois et demi le montant qui revient aux Suédois et aux Norwégiens. Or M. Mac-Gregor nous dit lui-même dans son tarif, p. 298, que les Anglais prélèvent 250 p. cent sur cet article d'exportation du Nord. Comment ces pays ne resteraient-ils pas pauvres, quand on voit leurs amis, les Anglais, mettre si mal en pratique la maxime du chapitre VII, verset 3, de l'évangéliste Mathieu ?

En traitant du nord de l'Europe, la Russie trouve ici naturellement sa place. Comme Suédois, nous dirons d'abord que nos concitoyens ne la craignent plus, bien qu'ils sachent que la forteresse qui s'élève à peu de distance de Stockholm, sur une des petites îles d'*Aland*, est sur le point d'être achevée, et que cette forteresse pourra renfermer une force militaire de quarante mille hommes. La raison principale de

cette sécurité générale des esprits en Suède est peut-
être, outre la confiance en notre force morale, que les
Russes, en comparaison de ce qu'ils ont à exploiter
chez leurs autres voisins, les Allemands, les Turcs et
les Asiatiques, n'ont rien à trouver chez nous que la
liberté civile dont ils ne se soucient pas. Nous leur
avons déjà fait, il n'y a pas longtemps, le sacrifice de
la Finlande, et, avant, de presque tout le littoral du
sud-est de la Baltique, qui appartenait jadis à la Suède ;
les Russes donc doivent être contents. Il y a toute
apparence aussi qu'ils le sont réellement et qu'ils ne
cherchent plus qu'à se garder de tout contact avec
nous. Les Russes étant nos seuls voisins de ce côté, il
est évident qu'il serait avantageux pour nous de pouvoir échanger régulièrement avec eux les produits de
notre sol ; mais comme leurs ports, quand il y a famine en Russie, s'ouvrent de temps en temps par le
fait d'un ukase, et se ferment aussitôt par un autre,
nous sommes bientôt obligés d'abandonner toute
cette côte ; agissant en cette circonstance comme le
font nos cultivateurs suédois lorsqu'ils rencontrent
une grosse montagne qui leur ferme toute culture ultérieure ; et que, malgré leur ardeur à défricher un territoire inculte, ils se voient forcés à changer la direction de leurs travaux. Loin de s'opiniâtrer à faire des
attaques impuissantes contre cette lourde masse, qui
elle-même est invulnérable, parce qu'elle est insensible à toutes les brèches qu'on peut lui faire, ils ces-
sent de chercher à percer par leurs pétards les flancs
de la montagne, qui ne peut que leur procurer une
quantité de matière informe qui encombrerait leurs
établissements et nuirait à leur culture. Enfin ils se

résignent à regarder le monde comme finissant pour eux de ce côté. C'est pourquoi nous craignons que les Russes n'aient fait une dépense inutile en voulant si bien fermer le trajet par l'Åland vers la Finlande au moyen de la forteresse dont nous venons de parler. Les Suédois d'aujourd'hui ne chercheront pas à reconquérir la Finlande, puisqu'ils ne l'ont pas fait en 1812 ou en 1830; car alors l'esprit guerrier se manifestait beaucoup plus en Suède qu'il ne le fait aujourd'hui, et pourtant il fut, selon notre opinion, sagement contenu. Si donc, comme on peut le supposer avec beaucoup de vraisemblance, la raison principale de la construction de la forteresse sur l'Åland eût été de se préserver d'une invasion des armées suédoises, on devrait à présent, ce nous semble, bientôt commencer par démolir ce qu'on a déjà construit à cette forteresse, et donner par là une preuve de la sincérité de cette amitié qui existe sans doute entre les monarques, plutôt que d'augmenter les frais inutiles à la compléter. Selon les principes internationaux coutumiers et selon la manière la plus générale d'envisager les choses, cette continuation à élever là une forteresse ne renferme-t-elle plutôt les germes d'une hostilité menaçante, qu'une preuve d'une amitié très vive?

Telle étant la disposition des choses et des esprits en Suède et en Norwège, comment veut-on qu'une union plus intime entre ces deux pays d'un côté et la Russie de l'autre, puisse se faire comme l'ont projeté MM. de la Nourrais et Bères, sans le sacrifice de ce qu'il y a de plus précieux chez les deux premiers peuples, savoir leurs forces morales, leur liberté civile et leur tendance vers un projet continuel en civilisation de tout genre? Il faut sans doute quelque chose de plus qu'une situation géographique ou limitrophe pour former une union analogue à celle des États allemands! Nos auteurs s'en sont aperçus quand ils ont parlé de la fusion commerciale du Danemark et de la Suède[1]. « Les causes de défiance et d'irritation » (qui n'existent plus) les ont portés à rejeter tout projet d'union entre des peuples beaucoup plus homogènes. Mais ces mêmes causes, et à un degré beaucoup plus élevé, qui semblent porter les peuples de l'ouest de la Baltique et celui de l'est à n'avoir rien de commun que le désir de vivre en paix, MM. de la Nourrais et Bères les ont oubliées ou déconsidérées d'une manière tout-à-fait inconcevable. La provocation à une réfutation détaillée ne paraitrait peut-être pas assez grande aux yeux de tout autre qu'à ceux d'un Suédois, si ces auteurs avaient dit seulement que la Suède ne pourrait se lier qu'avec sa voisine la Russie; mais ils ont dit « que la Suède ne pourrait que se lier avec sa voisine la Russie, » c'est-à-dire qu'il fallait absolument que la Suède se liât avec ce pays. On pourra se convaincre par ce qui suit, que les auteurs n'ont considéré que l'intérêt de la Russie, à laquelle il serait plus

---

(1) Page 170, ces messieurs disent, en parlant du Danemark: « Il ne faut pas songer à la fusion commerciale du Danemark et de la Suède. Il y a entre ces deux pays une cause de défiance et d'irritation qui doit mettre obstacle à des rapports suivis et intimes. Bien que la séparation du Danemark et de la Norwège soit déjà assez ancienne, cependant elle n'est pas entièrement oubliée, et il vaut mieux dès lors laisser ces deux Etats dans leur isolement actuel, que d'y développer par une fusion intempestive de nouveaux germes de jalousie et peut-être de haine. »

avantageux, selon eux, « de rester dans son indépendance entière pour tirer le meilleur parti possible de ses admirables ressources, etc., etc. » Voilà donc la politique de ces messieurs dévoilée. Sans s'instruire ou se soucier des intérêts des petites nations, on se contente de leur jeter quelques mots, quelques expressions légèrement méditées, parce qu'il s'agissait avant tout peut-être, pour un auteur français, de rendre les grands États encore plus forts, et en ce cas particulier, peut-être aussi, de rendre les forces de la Russie plus profitables à la France. Tout en respectant ce dernier but patriotique chez tout auteur français, nous avons cru nécessaire, non-seulement comme réclamation des peuples scandinaves, mais encore dans l'intérêt d'une politique saine et générale, de relever des erreurs, où l'on s'expose toujours à tomber, en traitant la politique de nos jours dans un sens particulier, en n'envisageant autre chose qu'un intérêt mercantile, et en ne plaçant pas au sommet de toute considération le progrès général de la civilisation. Cette politique n'est pas la nôtre, nous l'avons déjà dit ; et avant d'achever notre digression critique sur l'ouvrage qui traite du nord de l'Europe, nous prions nos lecteurs de nous pardonner les expressions un peu vives peut-être qu'on y aura remarquées, et qu'il ne convient plus d'employer dans l'examen que nous allons continuer des differends et de leurs causes qui, provenant du côté du nord de l'Europe, pourraient troubler la paix du monde civilisé, ou contribuer à la maintenir en ajoutant quelques éléments à la civilisation et au bien-être général du monde.

Il serait difficile de nier que les peuples scandinaves possèdent ces éléments; ils peuvent offrir dans leur situation presque isolée, dans leurs productions, destinées par la nature à augmenter les forces maritimes, et dans leur esprit à la fois indomptable, paisible et frugal, un soutien efficace à tout système politique qui aura pour base la justice et le droit naturel, égal pour tous. Toutes les propositions qui auraient pour but l'établissement d'un pareil système, devraient venir des États, qui, par rapport à leur extraction de la même race germanique et gothique ou au degré d'une civilisation analogue, trouveront chez les Scandinaves des sympathies naturelles. Mais jusqu'ici les puissances continentales ne paraissent pas avoir fait beaucoup de cas des forces politiques de la Scandinavie. Qu'elles n'y fassent aucune attention comme elles le doivent dans leur propre intérêt, passe pour cela; mais tout en les méconnaissant, on contribue, par des remarques et des publications inexactes, à s'en séparer encore davantage, eh! pourquoi? Parce que la politique de ce siècle n'a pas pris la direction qu'elle aurait dû prendre. On continue de se préoccuper presque exclusivement des grands États, ce qui est bien naturel. Toutefois, il nous semble qu'on devrait bien fixer le point de vue d'après lequel ils pourraient être principalement considérés. Quant à nous, en nous occupant de la Russie, il faut bien nous restreindre à des observations générales, et peut-être superficielles, n'ayant pas eu l'occasion de l'explorer par nous-mêmes.

Tout le monde connaît l'étendue de son territoire et sa population. En cela la Russie n'a de rivale sur toute la surface du globe que la Chine. Nous n'entrerons pas

non plus dans de grands détails sur les forces matérielles ou morales de l'empire russe [1]. Cependant, s'il est

(1) Page 164, M. Mac-Gregor dit de la Russie: « L'étendue gi-
gantesque de l'empire russe a fait croire aux autres nations à des
ressources beaucoup plus grandes qu'elles ne le sont réellement.
Dans l'appréciation que nous faisons de la Russie, comme de tout
autre pays, nous voulons écrire sans aucune préoccupation nationale.
Nous voulons citer des faits; mais pour cela, il faut toujours avoir
présent à l'esprit, en jugeant du pouvoir et des ressources fiscales et
commerciales de la Russie, que la plus grande partie de cet empire,
sans parler des régions glacées, est un pays sauvage, peu peuplé, dont
les habitants vivent presque tous, à l'exception des nobles, dans un
état de servage; que l'étendue de son territoire affaiblit au lieu de
fortifier son pouvoir offensif; que les ports dans la Baltique sont ge-
lés pendant quatre mois de l'année; ceux d'Archangel pendant huit,
ceux de l'Asie et du nord de l'Amérique pendant deux ou trois mois;
que, quoique les ports dans la mer Noire ne soient fermés que par-
tiellement, seulement à cause du climat, son commerce dans cette
mer serait cependant interrompu pendant une certaine période de
l'année, si elle n'avait pas su se procurer le libre passage par les
Dardannelles.

« Si l'on en excepte les parties les plus méridionales, le climat de
la Russie ne peut mûrir que les produits ordinaires du nord; plus des
deux tiers de son territoire sont couverts de rocs, de marécages, de
forêts de sapins et de déserts stériles. Les ressources de la troisième
partie, jointes à ses mines, sont cependant d'une valeur immense; et
si son tarif de prohibitions et de droits élevés, pernicieux et anti-
commercial, n'avait pas été, comme il est encore, le plus anti-libéral
du monde après celui de la France et de l'Espagne, la Russie aurait
à présent un revenu considérable, tandis qu'il est malheureusement
insuffisant. Elle pourrait, par le moyen d'un commerce extensif,
fournir à la consommation d'autres pays, des bois, des céréales, du
goudron, de la poix, du chanvre, du suif, etc., etc., en échange des
produits de manufactures à bon marché, lesquels on a essayé de se
procurer par la force, en quelque sorte, au moyen du travail des
serfs. »

possible de tirer avec certitude des conclusions sur les événements les plus récents, et s'il est permis de juger par analogie, on peut dire que les derniers mouvements politiques de la monarchie russe ont plutôt démontré une faiblesse intérieure qu'une force prépondérante; tout en faisant le plus grand cas de l'énergie personnelle du monarque et de son pouvoir illimité, comme possesseur autocrate, non-seulement de tout le territoire de la monarchie, mais encore de tout ce qui s'y trouve, qui y vit et qui s'y produit[1], il n'en est pas moins vrai que le principe d'unité qui existe dans cette personnalité de l'autocrate ne peut être, selon les lois de la nature, que d'une durée passagère, et que, s'il y en a un autre dans le sénat russe, comme on le prétend, celui-ci, ni aucun autre ne pourra suffire, dès le moment qu'un plus grand développement moral aura lieu parmi tant de peuples divers qui ne se connaissent pas, ou qui se haïssent, n'ayant enfin aucune autre liaison entre eux que la crainte commune qui leur est inspirée par le système de police intérieure, si ce n'est celle de faire la guerre ensemble. Pourtant, on dit que l'esprit guerrier ne se trouve pas généralement autant chez le bas peuple russe que chez ses maîtres. En tous cas, une unité nationale et régulière doit être fort difficile à établir; et jusqu'ici rien n'autorise à affirmer que, pour amener cette unité, on ait cherché à s'appuyer sur une force morale quelconque. On a bien compris en Russie que les moyens les plus

---

(1) Le comte Gurowski dit dans un livre sur la Russie, publié l'an 1841, à Leipzig, au troisième chapitre: « Das gebiet Russlands als boden, gehört dem herscher mit allem was darauf existirt, lebt und sich regt denn das ist der grundprincip der Selbstherrschaft. »

efficaces seraient, quant au matériel, les communications par des canaux, des chemins de fer et l'activité industrielle; et quant à l'unité morale, la similitude du langage. Aussi fait-on tous les efforts possibles pour introduire partout la langue russe. Tout cela est fort bien. Un avenir prochain nous fera connaître le résultat de ces tentatives. Considérons, en attendant, les conditions qui nous paraissent nécessaires pour la réussite de telles entreprises et voyons aussi si la manière dont on s'y prend mène à ce but.

Les canaux et les chemins de fer ne pourront être que des instruments pour la force militaire et pour l'industrie. Or, nous croyons ces instruments ou voies de communications être prématurés dans un pays dont la population est loin d'être proportionnée à l'étendue, et où l'industrie, basée uniquement sur cette population en général fort dispersée, ne réclame nullement ces colossales entreprises. S'il en est ainsi, les chemins de fer seront extrêmement coûteux, en comparaison du peu d'utilité qui en résultera, et ne pourront pas actuellement augmenter de beaucoup la force matérielle.

Si on les considère par rapport au mouvement des troupes, par exemple, il est évident que les États de l'Allemagne, voisins de la Russie, qui ont pris le devant, conserveront toujours l'immense avantage que celle-ci s'efforcerait vainement à leur disputer.

Quant à l'industrie russe, nous sommes portés à croire que M. Mac-Gregor en a donné une idée qui, dans un certain sens, est assez juste, et qui peut être appliquée à bien d'autres pays qui suivent à peu près le même système. Après avoir dit un instant auparavant qu'on a essayé d'établir par force des manufactures en Russie, il s'exprime ainsi : « On pourrait dire que la Russie défend l'importation de toute matière qui, par le travail de ses serfs, peut être tirée de ses mines et de ses forêts, et qu'elle défend en outre toute denrée ou produits manufacturés qu'elle peut obtenir de ses serfs et à l'aide des machines, importées ou fabriquées dans le pays, et dont la direction est confiée à des artistes habiles. Nous ne nierons pas cependant que ce système prohibitif, si généralement nuisible à l'empire, ne puisse être très profitable aux nobles russes de Moscou et d'ailleurs, ces seigneurs étant propriétaires de ces serfs, qu'ils nourrissent et habillent à bon marché[1]. »

Si c'était ici le lieu d'examiner la question d'économie politique, relative aux prohibitions d'importation en général et de chercher à savoir si elles sont nuisibles ou non, nous serions peut-être portés à convenir, qu'en considération de l'état d'esclavage dans lequel se trouve la plus grande partie de la population russe, et aussi en considération de toutes les conséquences morales qui en dérivent, le système prohibitif est plutôt une mesure naturelle et corrélative à l'état d'esclavage, qu'un défaut provenant de l'ignorance ou de la mauvaise volonté du gouvernement russe. En d'autres termes, si jamais le principe de protection peut être convenablement appliqué ou nécessaire, c'est quand il s'agit d'exciter à l'industrie un peuple sur lequel tout levier moral est impuissant. L'industrie libre n'étant pas compatible

(1) Le même, page 165.

avec l'état social de la Russie, il faut recourir à des mesures coërcitives, comme les seules qui puissent produire de l'effet.

Ce serait une autre question d'examiner s'il vaudrait mieux ou s'il serait possible d'affranchir premièrement la population et de laisser ensuite l'industrie s'élever d'elle-même. Mais cette question ne nous regarde pas; nous n'avons à considérer que l'effet du système actuel en Russie, ce qu'il y a de menaçant en ce système et dans les forces qu'elle a actuellement à sa disposition.

D'après ce que nous avons dit précédemment, nous nous croyons autorisés à conclure que tous les États de l'Europe, excepté peut-être la Turquie, peuvent aisément se mettre à l'abri de toutes les forces de la Russie, lesquelles forces, tant matérielles que morales, ne peuvent se développer, si jamais elles le font, qu'avec une lenteur presque infinie, en comparaison de ce qui, selon toute apparence, se fera partout ailleurs. Ainsi la seule raison pour laquelle la Russie est formidable, c'est qu'elle se prépare à engloutir la Turquie, et qu'on ne cherche à l'en empêcher que par la diplomatie. C'est ainsi qu'on lui accorde en même temps une participation dans les question générales de la politique européenne qui ne lui est pas due. Si on prenait d'autres mesures d'une tendance assez directe pour effacer tout espoir aux Russes d'avoir jamais la permission de l'Europe de se rendre maîtres du Bosphore[1] elle n'aurait pas peut-être la

---

(1) On sortirait trop du but de cet ouvrage si on allait exposer ici les moyens par lesquels la prévoyance européenne pourrait placer

prétention, et dans tous les cas, pas le prétexte de s'immiscer en ce qu'il y a à régler dans les intérêts particuliers, tant politiques que commerciaux, des autres États européens. En un mot, la Russie devrait être considérée comme étrangère à l'Europe, tant par sa position géographique que par sa civilisation. Changeons seulement la marque des limites et des couleurs de nos mappemondes. La Russie elle-même semble nous y inviter par l'acte de *séclusion*, qui sera bientôt complète du golfe bothnique, et au long de la frontière prussienne et allemande par le triple cordon qu'elle a établi, à ce qu'on dit, jusqu'à la Barbarie autrichienne-turque; et appelons toute cette partie, qui est du côté de l'Orient et qui appartient à la population sclave, *Asie*, au lieu de lui donner la nomination inexacte d'une partie de l'Europe; agissons du reste d'après le même principe, c'est-à-dire, montrons toute déférence possible, toute civilité conventionnelle envers les diplomates russes, comme cela est en usage, même envers les ambassadeurs des empereurs de Perse et de Maroc; mais bornons-nous à cela jusqu'à l'époque où la civilisation toute particulière qui va être l'effet du système actuel en Russie, soit capable de changer l'esprit d'alliance trompeuse d'abord, puis des médiations forcées, et ensuite d'envahissement ou de conquête violente qui a présidé à la politique russe depuis le temps

des barrières aux envahissements ultérieurs des Russes; mais on est convaincu que de tels moyens seront trouvés, même sans frottement, si les puissances européennes, au lieu de s'inquiéter mutuellement, s'appliquaient toutes au développement de la civilisation chrétienne.

de Catherine II, et qui paraît vouloir encore se continuer de nos jours, tout en se parant, à chaque progrès que fait la civilisation européenne, d'un vernis superficiel qu'elle lui emprunte. N'avouons jamais que la Russie puisse avoir désormais, comme puissance européenne et civilisée, quelques titres pour être consultée comme autrefois elle l'a été dans les affaires de l'Espagne, de la Belgique et de la Scandinavie. C'est surtout à l'Allemagne, si nous ne nous trompons pas, qu'il est utile de bien peser cet avis.

On regardera peut-être, comme une plaisanterie l'idée de refaire la mappemonde, idée que nous avons empruntée à MM. de la Nourrais et Bères; mais les conséquences en paraissent sérieuses et justes.

D'un autre côté on trouverait peut-être téméraire l'essai d'un individu d'oser, de son autorité privée, formuler de semblables projets; mais certes si les nations de l'Europe désirent vraiment se régler en droit, en justice, et veulent prendre l'attitude qui convient à leur prééminence en civilisation, laquelle seule doit établir le rang, l'Europe en cela n'a aucun danger à courir; au contraire, tout est gagné pour elle. Nous dirons plus; c'est dans l'intérêt même du monarque russe et de la civilisation, qui est devenue sa tâche difficile à cause de cet esprit asiatique, qu'il voudrait, dit-on, extirper, que ce principe devrait être suivi désormais.

Car comment agir sur cet esprit tout particulier, qu'il n'est plus nécessaire de définir, et qui domine, selon M. Mac-Gregor, aux environs de Moscou et dans le grand Sénat de Saint-Pétersbourg, si ce n'est par un autre esprit européen plus pur et plus civilisateur? C'est contre cet esprit asiatique, chacun de nos lecteurs a dû l'observer d'abord, que nous avons voulu lever l'étendard et nullement contre les individus russes. Les qualités personnelles, distingués, et un caractère noble obtiennent partout l'influence et le respect qui leur sont dus, sans rien perdre ni gagner par une circonstance aussi accidentelle que celle d'être né dans tel pays plutôt que dans un tel autre. Ainsi, nous condamnons un sentiment qui aurait pour base un esprit de nationalité mal entendue et une antipathie systématique contre les Russes en général, et pour but l'exclusion sociale de ces individus souvent très accomplis qu'on rencontre partout en Europe.

Pendant le cours de notre voyage, et en conversant avec des hommes à la fois éclairés, libéraux et placés de manière à pouvoir jeter de plus près un coup d'œil dans la politique de l'empereur russe[1], on a voulu plus d'une fois nous faire croire que cette politique est beaucoup plus *humanitaire* et bienveillante que cela ne paraît, et que partout où son influence personnelle a pu se porter, c'est-à-dire où il a pu s'informer par lui-même de la nature des choses, il a toujours déployé avec énergie un sentiment de justice innée; mais que malheureusement le système

(1) Si nous parlons encore du monarque russe, c'est que sa personnalité tombe dans le domaine des considérations politiques beaucoup plus que les autres têtes couronnées, et que l'État colossal qui porte le nom de Russie n'offre partout à nos regards qu'une masse agglomérée *chaotique* de plusieurs peuples, dont une grande partie ne sont que des hordes nomades et incivilisées.

politique russe et l'ascendant des seigneurs de race
sclave mettent toujours des entraves au développement de ce sentiment. S'il en est ainsi, si l'on doit
attribuer tout ce qui s'est passé de violent en Polo-
gne et dont les rapports répandus dans toute l'Europe ne peuvent pas tous être accusés de fausseté, à
l'ascendant de l'esprit russe en contradition avec le
sentiment de l'empereur. Eh bien! tant mieux! nous
en concluons que l'idée que nous nous sommes faite
du seul remède contre cet esprit acquiert par là une
nouvelle force. Cependant on est naturellement porté
à se faire la question : Qu'est-ce que l'autocratie? ou,
comme l'explique M. Gurowski, le pouvoir sur tout
ce qui se trouve, qui vit et qui est produit en Russie?
Ce pouvoir consiste-t-il seulement dans la faculté de
faire le bien en petit et dans les détails de peu d'importance, sans pouvoir jamais empêcher le mal en
gros? En vérité nous le craignons, et le soupçon qu'il
en est ainsi, même en acceptant, comme nous venons
de le faire, l'explication la plus favorable à ces faits
que personne n'ose plus nier, ne plaide-t-il pas plus
que jamais pour une croisade morale contre cet esprit
russe, ou si vous voulez asiatique, qui ne s'est pas
encore dépouillé de ses coutumes barbares?

Plus on y pense, plus on trouve de raison de s'é-
tonner que les autres grandes puissances de l'Europe
veuillent encore accepter la Russie comme faisant
partie intégrante de leur système politique dominant.
Que ce système des cinq puissances dominatrices, en
excluant tous les autres États, est fautif et insupportable de nos jours, nous l'avons déjà dit; mais en
supposant qu'il ne peut être différent pour le mo-

ment, n'est-il pas juste d'exiger du moins que ce système soit soumis à une purification nécessaire pour ne pas trop révolter et les gouvernements et les peuples de ce siècle, qui ne pourront plus souffrir qu'on idolâtre le pouvoir, seulement parce qu'il dispose d'une grande force matérielle, s'il n'y a rien dans ce pouvoir qui fait espérer le progrès social? Or, en examinant de plus près les principes qui président à la politique que suivent les autres quatre grandes puissances, on découvre qu'ils ne valent peut-être pas mieux. On ne s'en étonne plus, mais on persiste à soutenir ce qui est, ce qui sera éternellement vrai, que la politique du dix-neuvième siècle doit subir une réforme entière, et que cette réforme doit commencer par des idées plus nettes, plus générales et qui se rapportent toutes au principe du droit naturel de l'homme.

CHAPITRE III.

L'ANGLETERRE.

En considérant généralement les différends possibles qui peuvent amener la guerre en Europe ou dans le monde, c'est avec un sentiment de douleur que nous sommes obligés d'énoncer notre opinion, qu'après la politique insociale de la Russie, telle que nous l'avons pu observer jusqu'ici, celle des Anglais est la plus dangereuse au corps de la société civilisée, surtout si elle allait de plus en plus s'identifier avec celle de la Russie[1]. Il n'y a même rien, dans la der-

____

(1) Le journal ministériel anglais *the Times* se réjouit, dans un article du 19 novembre, de ce que l'Angleterre et la Russie s'entendent si bien actuellement : « Good understanding happily existing beetwen England and Russia. »

mière époque, qui puisse être cité comme un symptôme indiquant que les Anglais se sont désistés de leur ancien système d'envahissement[1]. Leur prétention de supériorité sur toutes les mers est encore la même, et elle les poussera probablement encore à de nouveaux actes de violence dès que leurs intérêts l'exigeront. L'acte fameux de navigation dont ils n'ont encore rien voulu rabattre, autant que nous le sachions (hormis un cas particulier envers l'Autriche, dont la flotte mercantile ne peut guère par son insignifiance entrer en une concurrence régulière), cet acte, disons-nous, paraît d'abord n'être rien autre qu'un régime intérieur, mais, dans le fait, il est une prétention inadmissible dès que les Anglais veulent faire le commerce avec les autres nations, vu que les vaisseaux de celles-ci doivent jouir des mêmes priviléges et de la même liberté d'action que les leurs. Ainsi l'annulement entier de cet acte devrait nécessairement être le premier pas vers la réalisation de ce *principe de commerce libre*, dont parle M. Mac-Gregor[2]. Leur précaution suspecte de n'avoir pas encore, par aucun traité positif, donné leur assentiment, en cas de guerre, au principe de neutralité et au droit qu'un navire de commerce d'un État neutre donne à sa cargaison d'être libre et exempte de confiscation, dès qu'elle ne renferme pas des munitions de guerre, en est une autre preuve. En vérité, le principe de

---

(1) Pour mieux saisir dans les détails le système maritime anglais, on peut consulter l'ouvrage de M. Wheaton, *Elements of national Law*, p. 159-175.

(2) Page 8 : « Extension of free trade between all nation. »

neutralité devrait, d'après le droit naturel, s'étendre jusque-là, qu'aucune matière ou marchandise ne fût considérée comme contrebande de guerre, parce que ce n'est pas la matière qui guerroie, c'est l'homme. En outre, les tracasseries que les Anglais suscitent toujours pendant la guerre aux navires de tout autre pays, relativement à ce qui devrait être considéré comme contrebande de guerre ou non, de convoi et de visite, et si nous ne nous trompons pas, les injustices qu'ils font essuyer encore en temps de paix, et presque continuellement, aux Américains, en tâchant par des visites prolongées de faire avorter les spéculations mercantiles de ceux-ci, celles mêmes qu'ils font aux Français en les écartant de tous les pays où ces derniers cherchent à établir des relations parmi les peuples incivilisés de l'Afrique et de l'Asie, démontrent que les Anglais voudront bientôt s'arroger un droit semblable, même pendant la paix. Ils voudront s'approprier la police maritime sur tout le monde, et s'ils réussissent à entraîner dans ces voies les gouvernements par des traités, les peuples verront bientôt leurs propres codes maritimes essentiellement changés sans leur aveu. Leur système d'exclusion, tout-à-fait particulier, auquel nul ne ressemble, sinon celui des Chinois, et qui consiste à vouloir interdire leurs ports, leurs parages, et ce qu'ils appellent les Chambres du Roi[1] aux autres nations commerçantes; enfin, le langage toujours hautain, toujours

(1) Wheaton, *Elements of national Law*, p. 217, *King's Chambers*. C'est ainsi qu'on appelle les parages ou bras de mer, entre les caps ou points saillants des îles Britanniques.

présomptueux, toujours humiliant pour les sentiments de nationalité des autres peuples, langage
qu'ils se permettent partout en conversation, dans
les discours publics et dans les articles de leurs journaux, même dans ceux qui sont censés être les organes du ministère[1], et qui s'insinue de plus en plus
dans l'esprit de la nation, tout cela sont autant de
preuves que les Anglais exigent de la part des autres
nations des concessions auxquelles ils ne veulent
pas donner de compensations, et que, déjà plus puis-
sants que les autres nations, par leur marine, par leur
commerce, par leur industrie et par leur richesse en
capitaux disponibles, ils sont portés, tant par leur
politique publique que par les efforts des individus,
en un mot, par toutes leurs actions, à un système
oppresseur et destructif pour l'Europe entière. N'o-
mettant aucune occasion de s'enrichir aux dépens
des nations pauvres, d'ecraser avec leurs forces supé-

(1) Pendant tout le temps, depuis le dernier changement de ministère, *the Times* a pu être considéré comme un journal ministériel;
on y a vu des articles remplis du même langage. Au commencement
de novembre, on pérorait fort au long sur la nécessité de maintenir
la supériorité maritime des Anglais : « Upholding the maritime supe-
riority of Great Brittain. » Le 29 de novembre, ce journal se plaignit
que la Prusse séduisait les États alliés avec l'Angleterre, disant :
« One country may stipulate for favorable treatment from another
but not cause the adoption of measures prejudicial to the interests,
of the allies of that power. » Le mot *allies* dans ce sens est remarquable. Il n'est généralement d'usage de parler d'alliés qu'en question
de guerre. Mais ici on trouve que, quand l'Angleterre a conclu un
traité de commerce avec un autre État, celui-ci est devenu son allié
obligé, qui ne peut être séduit, etc.

rieures les peuples déjà faibles, d'agiter par leurs intrigues ceux qui sont affligés par les troubles intérieurs, et toujours dans le but d'exploiter à leur profit le peu de ressources qui restent à ces mêmes peuples; ils cherchent, en toute rencontre, à leur imposer un joug de vasselage, à usurper et à envahir tout le monde. C'est pour garantir ce droit de préséance et d'usurpation, c'est pour être toujours les premiers à attaquer, qu'ils se sont procurés en Europe les places de Gibraltar, de Malte, de Corfou et de Héligoland, sans compter toutes les autres sur toute la surface du globe[1]. Parle-t-on des droits de douane onéreux pour le commerce et levés sur les importations étrangères, ce sont encore ceux des Anglais qui sont les plus exorbitants de tous. En examinant le tarif présenté par M. Mac-Gregor au bureau de commerce[2], on trouvera que les droits actuels montent à 200 p. cent sur les fruits, sur les céréales et sur diverses matières crues, à 250 p. cent sur le bois de la Baltique, à 400 p. cent sur les huiles, et jusqu'à 600 p. cent sur le verre; et pourtant les Anglais se plaignent de ce que les autres nations ne permettent pas toujours l'entrée du produit de leurs manufactures, et qu'elles ne placent pas leurs systèmes de commerce sur un pied juste et libéral. Comment expliquer ces inconséquences évidentes et ces agressions continuelles? nous tâcherons de le faire. Disons mainte-

---

(1) Le *Journal du Commerce* du 5 décembre vient de citer un article d'un journal espagnol (*il Castellano*), par lequel il paraît que l'envahissement de la Havane est à craindre.

(2) Mac-Gregor, p. 296 et suiv.

nant, en peu de mots, que les Anglais veulent toujours être maîtres, non-seulement chez eux, mais encore chez les autres puissances ; que leur influence, qui s'étend à toutes, peut s'exercer en détail, une à une, et peu à peu, même en temps de paix ; que c'est chez eux que *la petite guerre de douane*, dont parle M. Mac-Gregor, a eu son origine, et qu'enfin c'est à cause du système anglais, pris tout ensemble, qu'on ne pourra peut-être encore mettre des bornes ni à la petite guerre ni à la grande.

Nous avons toujours dirigé notre *charge sévère*, non contre l'Angleterre ou le gouvernement anglais, mais contre les Anglais. Ce n'est pas parce que le ministère whig, qui a gouverné ces dix dernières années commençait un peu, avant sa résignation, d'annoncer aux puissances des principes de commerce libéraux et sages, en s'exprimant par exemple, comme a fait M. Mac-Gregor [1] sur les causes qui ont induit l'Allemagne à s'émanciper, et en prouvant par des calculs et des raisons incontestables que le système de douane anglais devait être modifié autant que le permettraient les exigences fiscales de l'État : ce n'est pas non plus parce que nous n'espérons pas que le ministère actuel, soi-disant conservateur, fera mieux [2],

(1) Voyez note 1, p. 24.

(2) Nous devons pourtant ici prendre acte de la déclaration dans *the Times*, en parlant du but dont est chargé sir. H. Pottinger en allant en *Chine*, savoir, d'arranger « l'ouverture de tous les ports de mer chinois sur la côte orientale *à toutes les nations de l'Europe* (pas d'Amérique ?) *sans exception*, qui pourront commercer librement en payant un droit modique à l'entrée et à la sortie des bâtiments. »

qu'il sera plus juste envers tout le monde, ni encore parce que nous pensons nous interdire toute exception pour les individus de cette nation à cause du jugement que nous sommes obligés de porter du caractère national, que nous employons cette manière de ne parler que des Anglais.

Sous ce dernier point de vue, tout au contraire, il est clair que nous ne parlons d'abord que de l'esprit général de la partie active de la nation. Il serait, du reste, tout-à-fait superflu de faire observer, ce que tout le monde connaît, que non-seulement de tout temps en Angleterre se sont trouvés des individus dont les vertus et les qualités sociales ont servi de flambeau à l'humanité, mais encore qu'ils possèdent, sans compter leur esprit public, des vertus nationales, généralement répandues, et qu'on ne trouve guère ailleurs à un degré si haut. Leur loyauté, par exemple, leur respect pour la loi, pour les autorités, pour les coutumes, leur esprit religieux, qui est plus vrai peut-être qu'en aucun pays que nous connaissions, leurs affections de famille, leur sincérité et surtout leur grande exactitude à leurs promesses, sont des vertus dont ils sont généralement doués. Nous pouvons même dire hautement en faveur de la nation anglaise que le sentiment du devoir se prononce chez elle d'une manière plus forte et plus profonde que chez les autres nations, où il est souvent remplacé, ou par une certaine bonté approchant de la faiblesse de caractère, ou par l'enthousiasme d'un sentiment vague d'honneur. Par malheur, ce sentiment du devoir a reçu chez eux un développement historique qui se montre partout isolé, non-seulement par rapport aux

autres nations, mais même entre eux; et le devoir,
tel qu'on s'en fait une idée en Angleterre sous le rapport pratique, se montre très souvent inconciliable
avec les sentiments qu'on estime ailleurs, comme
étant inséparables des idées de délicatesse, de bienveillance et même d'honneur. Les Anglais ont vraiment des notions tout-à-fait particulières là-dessus.
Leur première obligation comme citoyen anglais, c'est
de s'assister mutuellement contre les étrangers pour
les abaisser, et même pour écraser tous ceux qui voudraient leur disputer la supériorité en matière de
commerce. Cette obligation semble absorber chez
eux toute autre considération. Chez eux, la bonté, si
elle va par hasard au-delà du cercle de leurs relations
de parenté, s'approche plutôt de l'orgueil que de la
douceur. Leurs idées d'honneur, et ce qui est considéré comme honorable, se bornent exclusivement aux
notions de défendre leur personne, leur caractère
brave ou leur qualité en société. Enfin, ils ont une
dénomination à part qui remplirait toutes les notions
que nous attachons au mot d'honneur dans son sens
moral et idéal, c'est le mot *respectability*. Par malheur,
ce mot, quoique placé au plus haut degré de considération, ne signifie rien autre que richesse et ordre
dans les affaires, n'excluant pas, par exemple, la plus
avide bassesse, et étant parfaitement conciliable avec
le désir, ouvertement avoué, de ruiner leurs rivaux
en industrie ou en spéculations mercantiles. Or, une
manœuvre pour un tel but, qui a eu des succès et
dont on s'est vanté d'avance, sert infiniment à bien
établir la respectabilité, mot que nous sommes obligés d'emprunter des Anglais, et qui, nous l'espérons,

ne sera jamais adopté dans ce sens par les Français. A la vérité, les gens de bien en Angleterre sont les premiers à désavouer et à flétrir ces fausses notions de ce qui est vraiment honorable. Ils sentent l'effet déplorable qu'a eu sur le caractère anglais l'ascendant de la tendance générale de devenir *respectable* d'une telle manière : mais John Bull s'en moque. L'aveuglement moral est trop général et trop fort. Il provient des plus hautes classes, où il a peut-être commencé, et finira par s'insinuer par degré dans les classes inférieures du peuple : nous voulons parler de cette dureté de cœur qu'on observe si souvent chez les Anglais.

Comme un négociant ou un manufacturier millionnaire peut se vanter de ce qu'il vend telle denrée sans profit, et même à perte, seulement pour faire cesser le commerce ou la production de son voisin, de son ami même qu'il voit peut-être tous les jours et dont il serre la main ; comme une Compagnie (de gens très respectables sans doute) qui fait le trafic par des bateaux à vapeur entre les ports anglais et la ville de Hambourg, peut déclarer qu'elle fera une guerre de rivalité à outrance aux habitants de cette ville, parce que ceux-ci ont osé à leur tour se procurer des bateaux à vapeur ; de la même manière, si nous ne nous trompons pas, et d'après le même principe, ces sortes d'entreprises où on voit l'un contre l'autre essayer ouvertement de se terrasser, de se chasser du marché, et ensuite de s'en faire un mérite au lieu d'un sujet de honte quand on a fait expirer son adversaire, sont devenues presque un jeu, auquel on voit tous les jours les Anglais les plus distingués se mêler, de concert avec le bas peuple; et qui voudrait bien nier que c'est pour avoir eu ces beaux exemples sous les yeux que les ouvriers font de même s'ils le peuvent, que c'est par les hautes classes qu'ils ont appris à former des coalitions entre eux [1], et à se venger quelquefois de leurs supérieurs [2].

(1) Strikes for higher wages.

(2) Ayant depuis longtemps des relations avec des particuliers en Angleterre, où je suis rentré à plusieurs époques, et me sentant toujours entraîné par le désir de lier connaissance avec les Anglais, parce qu'il y a toujours quelque chose d'intéressant et même de noble chez l'individu anglais, si on sait choisir son monde; j'accostais toujours, durant mon tour en Belgique et en Allemagne, ces voyageurs qu'on rencontre en grand nombre pendant l'été dans les hôtels, et je crois pouvoir rapporter ici l'anecdote que me conta, à Heidelberg, assez naïvement, un de ces voyageurs, gentilhomme parfait, s'avouant être un tory décidé (*staunch tory*).

Il venait de recevoir une lettre d'un de ses amis (*very respectable*) en Cornouailles, qui, il y a quelques années, était venu avec de grandes ressources s'emparer des carrières dont on tirait des pierres de taille pour la construction des ports de mer à Plymouth, etc. Au commencement il vendit les pierres qu'il faisait tailler à un prix tellement bas, que tous les autres propriétaires furent obligés de sortir de cette voie d'industrie. Les fonctionnaires ou entrepreneurs constructeurs, qui recevaient pendant cette première époque les pierres à un prix très modique, se retirèrent peu à peu de tout autre voie par laquelle ils auraient pu avoir ce matériel nécessaire; ensuite, dès qu'il fut devenu *monopoleur*, il éleva le prix au plus haut degré, ce qui devait fort embarrasser les constructeurs, pour le moment tous en dépendance de lui, et on conçoit bien comme il se glorifiait de la réussite parfaite de sa manœuvre. Or, cet homme si respectable et si habile écrivit dernièrement à son ami, en se plaignant que les ouvriers, qu'il employait en grand nombre pour le taillage des pierres, venaient de faire une *coalition* (*strike for higher wages!*) « Ces misérables (*dam-*

Mais cet esprit de spéculation éhonté est entré jus-
que dans leur politique générale presque comme un
principe intégral. Les Anglais se croient justifiés d'a-
voir pris la flotte danoise en temps de paix, seulement
parce qu'ils soupçonnaient une combinaison qui peut-
être n'aurait jamais eu lieu. Ils ont envahi le territoire
et l'administration de douane norwégienne à Bodő
pour reprendre leur marchandises déclarées légalement
contrebande. Sur le même principe, ils viennent tout
récemment d'attaquer les Chinois, de leur faire subir
les horreurs d'une invasion militaire, d'insulter leur
nationalité par l'occupation de leur territoire, et, par
suite, la nécessité, quoique attaqués les premiers, de se
soumettre à des exactions pécuniaires, le tout, parce que
le gouvernement chinois a voulu persister dans sa défense aux Anglais d'introduire en Chine la contrebande
de l'opium, véritable venin de l'esprit et du corps
pour la nation entière. Cette histoire, dont on peut
lire tous les détails dans les ouvrages périodiques anglais [1], mais à laquelle l'Europe entière semble donner

ned rascals), dit-il, lui arracheront peut-être tout son profit. » — Et
la gloire?

Le gentilhomme anglais, qui me raconta les deux faits séparément,
c'est-à-dire, le premier, comme une preuve de l'esprit de spéculation
en Angleterre, et le dernier comme une preuve du dangereux esprit
parmi le bas peuple, fut un peu consterné quand je lui fis remarquer
qu'en effet, l'esprit était le même en tous les deux cas. « Oh ! » me ré-
pondit-il avec une franchise aimable, « j'ai cru d'abord, dès le premier
moment, entrevoir que vous étiez un peu radical. »

(1) « Les développements d'une immoralité nationale, » dit la
Revue Eclectique d'octobre 1839, « qui sont renfermés dans ce petit
volume (*les Iniquités du commerce de l'opium avec la Chine*, par le

peu d'attention, est tellement révoltante et scanda-
leuse au milieu du dix-neuvième siècle, que nous ne

Révérend A. S. Thelwall) font une impression si révoltante, que le
commerce de l'opium avec la Chine sera bientôt supprimé s'il reste
chez nous et notre gouvernement quelque vertu et quelque pudeur.
Avant l'an 1795, l'opium, regardé par le gouvernement chinois comme
un médicament, était admis moyennant un droit modéré; mais bientôt, quand l'usage en fut répandu comme un objet de luxe, quand
ses effets déplorables furent connus, son importation fut tout-à-fait
prohibée en 1796, sous la première année du règne de Ked-King.
Dans ce temps, l'importation annuelle n'était guère que de 1100
caisses (*chest*). En 1830, elle s'éleva à près de 20,000 caisses, et en
1837, à 34,000, chaque caisse pesant, en terme moyen, 130 livres.
La valeur de cette importation montait à 4 millions de livres sterl.
L'opium est cultivé, dans plusieurs provinces des Indes, *sous le système de travail forcé*, au profit exclusif de *l'honorable* Compagnie
des Indes-Orientales, et le commerce en est monopolisé par des
marchands anglais; or, s'il y a des exceptions, elles sont de trop peu
d'importance pour être prises en considération. . . . . . .

La *Revue Mensuelle* de juin 1839, qui condamne ce trafic inique,
s'exprime ainsi: « De quelle manière cette drogue (l'opium) est-elle
importée des Indes dans la Chine? C'est par contrebande, avec toutes
les circonstances et les effets fâcheux qui en résultent, contrebande
faite par des marchands anglais ou des sujets de la Grande-Bretagne!
Le gouvernement des Indes, loin de les en empêcher, les appuie au
contraire d'une manière positive et directe, aussi bien que d'une
manière négative et indirecte. »

La *Revue trimestrielle étrangère* d'avril 1840 observe que : « Des
réparations pour des insultes pourraient être, à plus juste raison, de-
mandées par les Chinois que par nous. Si nous considérons les faits
sans nous laisser aveugler par la cupidité, par des intérêts personnels,
peut-il y avoir quelque chose de plus clair que nous méritons plus le
blâme que les Chinois? »

L'Observateur chrétien de mai 1841 dit : « Sir Robert Peel est
d'accord avec le cabinet que la guerre est à présent inévitable. il est
vrai que les Chinois ont agi injustement en se saisissant des sujets qui

nous pardonnerions pas de glisser là-dessus légèrement.

Le sieur John Bull, comme nous le disions ci-des-
sus, se moque admirablement des injures les plus
graves qui lui ont été adressés par ses compatriotes
par rapport à son avidité, en disant hautement encore
que le capitaine Elliot, devant les murs de Canton,
aurait dû exiger, au lieu de six millions de piastres,
trois fois cette somme, et qu'il ne valait pas la peine
de faire tant de frais et tant de bruit, si l'on n'avait
pas le dessein de continuer la destruction du gouvernement chinois, etc. [1].

ne faisaient pas la contrebande d'opium; mais en cela ils n'ont fait
que se conformer à leurs idées d'otages nationaux, et ils avaient reçu
de grandes provocations, car quel droit avions-nous de les forcer, en
quelque sorte, à recevoir notre opium en dépit de leurs édits, en
nuisant à leurs revenus, en corrompant leurs officiers, en empoison-
nant leur population? Pourquoi faisons-nous la guerre? pourquoi des
millions de cette population doivent-ils être visités par toutes les horreurs d'une invasion hostile? »

Le 7 mai 1840, sir James Graham faisait dans le parlement anglais
la motion suivante : « Il semble à la chambre, en considération des
documents relatifs à la Chine, présentés à cette chambre par l'ordre
de Sa Majesté, que l'interruption de nos relations commerciales et
amicales avec ce pays, et les hostilités qui en ont été la suite, doivent
être principalement attribuées au défaut de prévision et de prudence
de la part des conseillers actuels de Sa Majesté, à l'égard de nos relations avec la Chine, et spécialement à leur négligence à donner à l'in-
tendant général à Canton les pouvoirs et les instructions nécessaires
pour arrêter les maux croissants attachés au trafic et à la contrebande
de l'opium, instructions conformes à la situation nouvelle et difficile
dans laquelle il se trouvait placé. » Cette motion n'a été rejetée qu'à
une majorité de neuf voix seulement.

(1) L'expression qu'on vient de lire dans une lettre de Chine, da-

Certes, les puissances de l'Europe qui ont des flottes et du pouvoir politique ou moral, ne devraient pas regarder avec indifférence un attentat aussi énorme contre le droit des gens, attentat qui, à la longue, ne manquera pas d'être très nuisible à toutes les nations commerçantes qui voudraient tâcher de faire entrer la civilisation européenne en Chine. La question de l'opium, comme monstruosité politique, en renferme encore une autre non moins odieuse envers la population du Bengale. Quand on considère en effet qu'une partie des habitants de l'Hindoustan sont forcés malgré eux de cultiver l'opium pour le compte de la compagnie des Indes-Orientales, qui en fait ensuite le monopole, et que l'entrée de cette denrée pernicieuse a lieu forcément et à main armée dans la Chine, on conçoit tout le degré d'immoralité qu'a pris cette affaire. Aussi, quoiqu'elle soit loin d'être terminée, nous nous en emparons comme de droit et comme étant la preuve la plus récente et la plus flagrante de l'égoïsme des Anglais. En citant cet exemple grave, nous pourrons à la fois démontrer pourquoi le portrait du caractère anglais a eu sa place dans un article sur les différends nationaux, pourquoi ce caractère national doit être considéré sous un point de vue politique. C'est en approfondissant cette dernière

---

tée du 28 août et citée par le *Morning-Poste*, est vraiment caractéristique : « Now that we are in it, we must procced » à présent que nous y voilà, il faut bien poursuivre. — Belle maxime! le journal *John Bull*, déclare à présent (au mois de janvier 1842) qu'il faut attaquer les Chinois avec une armée de 40,000 hommes, tout en avouant que cette guerre a été injustement commencée.

entreprise des négociants anglais, soutenue après par le ministère déchu, quoique avec une répugnance extrême (comme nous le savons particulièrement), que nous nous sommes aussi autorisés à diriger toujours notre critique politique contre les *Anglais*, quoiqu'il soit bien avéré que c'est le *gouvernement anglais* qui, par la flotte royale et par ses agents, a secondé cette exploitation de la fameuse copagnie des Indes-Orientales.

Quoiqu'elle n'ait jamais été indiquée par l'auteur de *la Vérité sur l'Angleterre*, la cause de l'esprit politique de cette puissance est qu'en ce pays, plus qu'en aucun autre, d'après ce que nous pouvons en connaître, « le gouvernement fut toujours entraîné par des individus ou par des corporations privées. » Voilà le mot de l'énigme. Or, dans cette observation, il n'y a rien de nouveau pour tous ceux qui ont étudié l'histoire de l'Angleterre. Non-seulement dans l'ancien temps, le nombre des guerres civiles est une preuve que les parties bien organisées, les grands barons, avec leurs associés, se sentaient aussi forts que les rois; mais, depuis la consolidation du pouvoir parlementaire, on remarque plus encore la manière tout-à-fait particulière dont se sont développées et augmentées les possessions de la monarchie anglaise. D'abord ce ne furent que des entreprises d'individus qui entamèrent toutes les colonisations. Par un autre principe qui est aussi propre aux Anglais, et singulièrement enraciné dans leur esprit national, savoir celui de la prétention que chaque sujet de la couronne anglaise doit être protégé par le gouvernement, même quand il se jette au plus grand hasard en pays étranger [1], par cet autre principe, disons-nous, ce gouvernement a toujours prêté assistance, non-seulement aux nouveaux colonisateurs, mais très souvent à des aventuriers malfaiteurs. Lors de leur premier début, on ignore leurs entreprises hasardeuses; mais bientôt après, ces vagabonds, en proclamant qu'ils ont conquis telle région au nom de la couronne anglaise, voilà qu'aussitôt une flotte royale leur fait visite, et dépose un gouverneur anglais; il est avéré de nos jours que les intérêts de ces colons et de leurs amis sont tellement forts, que par leur influence parlementaire ils ont contraint le gouvernement à leur donner des secours qui ordinairement ont fini par entraîner la guerre avec les autres nations. Quant aux guerres de l'Angleterre même, elles ont toutes, comme celle de l'opium, eu des motifs dans les intérêts des compagnies et des négociants qui, presque toujours identifiés avec ceux des grands barons, ont eu l'appui de toute l'aristocratie anglaise. Et, si l'on ne peut nous contester que les motifs des guerres ont été au commencement tels, la justesse de notre observation n'est pas affaiblie par la remarque, que ces mêmes guerres, une fois commencées, les ministres ont pu depuis appliquer les forces du royaume à leur continuation selon leur caprice personnel, qui pourtant, n'a réussi à prévaloir, qu'autant que le ministère a su les

(1) Ce n'est plus un secret, que lors de la réclamation tardive par le gouvernement anglais de la personne de M. Leod, on ne savait pas s'il avait pris part ou non à l'expédition de ruiner la Caroline, et si cette expédition avait été ordonnée ou non par les autorités du Canada. On fut pourtant obligé, par l'opinion publique, en Angleterre, énoncée par la presse, de réclamer le sujet anglais mis en prison.

couvrir de ce prestige qui a tant de charmes aux yeux
de tout le peuple anglais, savoir, « les intérêts des individus protégés par leur gouvernement. »

Ce n'est pas ici le lieu d'examiner la question plus
générale de savoir si cette politique égoïste et envahissante, poussée aveuglément par l'intérêt privé,
n'est que le résultat inévitable du gouvernement parlementaire, qui est nécessairement placé sous la com-
pression de l'égoïsme individuel ou de corporation :
cette question grave est trop générale pour que nous
puissions nous y arrêter dans ce moment. En tout
cas, c'est sur l'esprit national des Anglais, aussi bien
que sur leur gouvernement, que nous portons nos
remarques.

Une analyse complète des causes de cette dépendance du pouvoir ministériel, vis-à-vis les intérêts
des corporations et du caractère égoïste anglais, dé-
passerait nos bornes et occuperait tout un ouvrage
spécial. Ces causes pourtant n'offrent pas tant de difficultés à être tracées brièvement, et elles sont peut-
être essentiellement les mêmes qui ont favorisé le
progrès du principe aristocratique depuis le temps de
Cromwell. Ce progrès s'est surtout développé pendant les guerres[1] qui, quant à la part qu'y prirent les
Anglais, c'est-à-dire par mer, favorisaient toujours
les entreprises des individus. En y regardant de près,
on verra peut-être qu'il y a toujours une différence
entre une expédition sur mer et une campagne; que
les résultats heureux de la première dépendent plutôt

(1) M. Mac-Gregor s'exprime avec force et vérité sur l'effet des
guerres dans son premier chapitre introductoire.

des actions énergiques des individus, et ceux de la dernière plutôt des combinaisons sages du général. Le courage et la valeur des marins ont occasion de se montrer dans une position plus détachée, plus isolée. L'idée de la gloire qui sert à animer les combattants, tant sur mer que sur terre, devient souvent, en premier cas, un peu plus profitable aux subalternes; c'est-à-dire que l'esprit du gain s'y mêle toujours un peu. Telle est du moins la différence reconnue entre la marine et l'armée anglaises; et, tout en réfléchissant à ce trait distinctif du caractère national des Hollandais, qui se battirent aussi presque toujours sur mer, il ne nous paraît pas tout-à-fait hors de propos d'attribuer, en grande partie du moins, le développement du caractère anglais, fier, exigeant et inexorable (quand il s'agit de dompter ou de rendre leurs attaques profitables) à ces victoires en détail, à ces prises [1] importantes, qui se multipliaient sur mer beaucoup plus

______

(1) *Price-money*, rénumération de prise, constitue toujours un grand *item* aux salaires des marins anglais. On vient de voir comme on a étendu ce principe, même aux troupes de ligne engagées dans la prise de Canion. Cela ne prouve rien contre notre thèse. Les soldats anglais employés en des expéditions d'assistance donnée aux entreprises de rapine des Compagnies sont dans un cas exceptionnel à celui de tous les autres soldats de l'Europe, un cas tout-à-fait semblable à celui des croiseurs de mer. Tant pis donc! si l'armée anglaise est aussi quelquefois atteinte par le même mal. Toutefois, n'est-il pas permis d'attribuer à cette âpreté égoïste du caractère anglais, jointe à l'ancienne supériorité maritime de la nation, cette honteuse et déplorable anomalie qui maintient sur mer le droit illimité de prise sur la propriété privée, tandis que la civilisation a inscrit depuis des siècles, dans le code du droit de la guerre continentale, le respect absolu de la propriété privée?

que sur terre, et dont les bulletins, sans cesse panégyristes, ont rempli, pendant des siècles, les journaux anglais, et ont nourri l'orgueil et la cupidité de toute la nation. Aussi les Anglais ont-ils très souvent suscité des guerres aux autres peuples. Les riches y trouvaient une occasion plus favorable qu'en temps de paix de s'enrichir encore davantage, non-seulement aux dépens de l'étranger, mais encore à ceux de l'Etat, dont les dépenses allèrent toujours en croissant. Peu à peu l'Etat est devenu leur débiteur à un montant tout-à-fait énorme. Ce système, qui naturellement entraîna un budget immense, put néanmoins être soutenu sans difficulté visible, tant que les autres nations, toujours dérangées dans leurs entreprises industrielles, ne s'occupèrent que de guerroyer sur leur propre territoire. Ainsi, tandis que celui de l'Angleterre n'a jamais connu les dévastations de la guerre, qui mettent toujours en danger les établissements du continent, les nations du continent eurent à lutter contre des difficultés sans fin pour se créer les éléments d'une industrie. propre ; l'Angleterre, s'emparant par sa marine du monopole des colonies, plaça les nations continentales sous le joug inexorable de sa politique coloniale, dont la rigueur s'accrut en proportion de la consommation des denrées du tropique. De leur côté, les négociants et les fabricants anglais, s'élançant dans cette carrière avec toute la liberté, l'énergie et la facilité, qui ne se trouvent à un tel degré qu'en Angleterre, s'enrichirent eux-mêmes en fournissant à l'Etat des valeurs d'exportations immenses. La production de ces valeurs, fruits du travail des ouvriers, causa naturellement, dans les îles

Britanniques, une grande consommation de vivres; leur prix aussi bien que les ventes des biens-fonds montèrent en conséquence, en triplant les revenus des seigneurs anglais; et le gouvernement, de plus en plus dirigé par ceux qui avaient accumulé des fortunes, évita, autant que possible, les impôts directs, mais établit des tares indirectes, en mettant des impositions d'autant plus élevées sur les droits de douanes et d'accise, sur les objets de première nécessité, consommés par les classes ouvrières [1].

Ainsi, on pourrait dire que tout le système, tant économique que financier de l'Angleterre, trouve son appui dans la guerre au dehors, guerre de profit et de monopole exclusif, monopole aristocratique, monopole industriel, monopole commercial, et tous ces monopoles, placés sous la protection suprême du monopole maritime.

La réaction de ce système, trop artificiel et trop éblouissant dans un temps passé, s'est développée tous les jours davantage depuis la paix générale de 1815. Les résultats de ce développement pourraient être résumés brièvement de cette manière : une population d'environ 27 millions sur laquelle les propriétaire de biens-fonds et de capitaux font à peine deux millions, sur le reste, tout au plus 10 millions, vivent dans l'aisance : ce sont les négociants, les fermiers, les artistes, les officiers et les autres fonctionnaires qui, sans être propriétaires ou rentiers, trouvent des moyens d'existence dans les valeurs mobilières ou dans le revenu de

(1) On ne saurait trop recommander la lecture de ce qu'a écrit sur ce sujet M. Mac-Gregor.

leurs places. Les 15 millions restants, parmi lesquels on compte environ deux millions d'indigents, ont la plus grande difficulté de se procurer eux-mêmes le nécessaire; ils ne se composent que des ouvriers, des employés aux travaux de l'agriculture, des mines et des fabriques, classe qui n'a absolument rien, excepté le salaire de la semaine ou de la journée. D'un autre côté, la dette nationale excède 800 millions livres sterling (environ 20 milliards de francs), dont l'intérêt absorbe à peu près la moitié du montant de tous les revenus de l'Etat. Ces 800 millions, fournis principalement par l'accise et la douane, retombent, pour un montant d'environ 20 millions sur les consommations de la classe ouvrière, à raison de 8 millions pour l'accise et de 12 millions pour la douane[1]. C'est donc cette classe indigente qui supporte pour un tiers tous les fardeaux de l'Etat. Cette population, qui ne gagne rien au-delà de ce qu'elle consomme, augmente en une proportion toujours naturellement plus forte que la classe qui possède les biens-fonds et les capitaux. Donc ces propriétaires, à la fois capitalestes et détenteurs de la puissance politique, sont les véritables suzerains et les princes territoriaux du royaume, avec le droit exorbitant d'expulser s'ils le voulaient, les tenanciers, placés si fatalement sous la dépendance, qu'on pourrait même, à terme échu des contrats[2], leur défendre de mettre bas le pied sur le sol anglais.

(1) C'est de quoi on peut s'informer par l'exposé de M. Mac-Gregor à la fin de son ouvrage.

(2) *Leases* contrat de ferme. Non-seulement les champs agricoles

Quant aux capitaux, ils s'accumulent toujours de plus en plus dans les mains de la même classe, et lui donnent le pouvoir d'enlever, par leurs spéculations en gros et par leur tendance au monopole, tout profit à ces gens à fortunes moyennes qui ne peuvent plus concourir avec elle, et qui rentrent ainsi successivement dans les classes des pauvres. Ce n'est pas tout, et cela n'atteint pas seulement les Anglais; ces capitaux, souvent hors d'emploi, peu à peu retirés du commerce et de cette industrie minutieuse qui ne donne plus de profit, placés à la Banque d'Angleterre, et s'élevant quelquefois à 12 millions sterling, sont un instrument dans les mains de ces richards pour bouleverser d'abord tout le système de banque à billets dans l'intérieur du pays; ensuite, et dès qu'une crise pécuniaire est créée, il s'ensuit naturellement, quoique par une conséquence qui ne saute pas d'abord aux yeux, qu'il se fait par là une baisse dans les prix de toutes les productions manufacturières de toutes

appartiennent à l'aristocratie, mais aussi presque toutes les villes sont bâties sur le territoire des grands seigneurs, et à un terme fixe, à renouveler selon leur bon plaisir. Encore sont-ils eux-mêmes très souvent propriétaires des maisons qu'ils ont fait bâtir par spéculation. Ce sont ces données qui ont pu autoriser l'auteur d'exposer la légalité idéale du droit en possession de l'aristocratie anglaise d'expulser tous ceux qui n'ont point de bien-fonds, quoiqu'il est clair que leurs propres intérêts ne permettent jamais aucune autre emploi de ce droit de propriété, que de tenir les fermiers et les locataires dans une dépendance continuelle, et qu'ils savent bien faire sentir à ces derniers quand ceux-ci veulent faire usage de leur droit d'élection, tout-à-fait nominal, tant que l'élection (le ballot) ne se fait pas d'une manière secrète.

les marchandises non vendues, tant d'origine anglaise qu'importées. Les crises commerciales peuvent de cette manière être produites périodiquement, au gré des dépositaires de la Banque anglaise. Autrefois, cette Banque, n'ayant ni la même force, ni le même appui du gouvernement, fut entraînée elle-même dans ces sortes de crises auxquelles doit naturellement être exposé le crédit dans tout pays où le système manufacturier est artificiel. Elle suspendit à plusieurs reprises ses paiements en espèces, obtint le privilége d'un cours forcé pour ces billets. Mais depuis environ vingt ans, et surtout à la suite du fameux bill qui porte le nom de M. Peel (à présent sir Robert), elle n'a pas succombé elle-même. Au contraire, le crédit des banques **de** l'intérieur étant tant de fois ruiné, et le système entier des banques privées n'ayant jamais pu obtenir une bonne législation, à cause de l'intérêt monopole de la grande Banque, elle a attiré peu à peu tous les capitaux flottants, quoique aucun intérêt ne leur soit alloué de la Banque, qui augmente ainsi sa circulation à mesure qu'elle grandit, et qu'elle est bien sûre que le gouvernement (son débiteur de 15 millions sterling) sera toujours obligé à la secourir. Depuis ce temps-là, deux grandes crises ont eu lieu : l'une en 1825 (parce que les dépositaires retirèrent tout à coup plusieurs millions en or des coffres de la Banque pour des spéculations en mines au Mexique et dans l'Amérique méridionale); l'autre en 1837 (lorsque les dépôts avaient été accumulés de nouveau dans la Banque anglaise, si nous ne nous trompons pas, jusqu'à concurrence de 12 millions de livres sterling, et qu'ils furent retirés à cause du besoin extraordinaire d'or qu'avait créé le président André Jackson aux États-Unis de l'Amérique septentrionale, par des mesures violentes contre la Banque de ces mêmes États). Dans les deux cas, la Banque était aux abois de la même manière. La circulation des billets étant ordinairement de 16 à 18 millions livres sterling sur un fonds métallique qui n'a jamais dépassé 10 millions, fut retirée en quelques semaines, en proportion de l'exportation de l'or, dont il ne resta guère au-delà d'un million quand la crise de la Banque vint à s'arrêter par les secours qu'on lui porta de toutes parts. De cette manière elle est sortie victorieuse de ces deux affaires, et de bien d'autres qui la menacent sans cesse ; mais non-seulement quantité de banques dans les provinces sont toujours et à chaque nouvelle ainsi détruites, mais bien d'autres établissements industriels qui ne sont pas assez forts pour faire face à ces épreuves. Enfin, l'abaissement dans le prix de toutes les marchandises devient alors extrême, et il en résulte des pertes énormes, comme nous l'avons indiqué plus haut pour toutes les classes, les plus riches du pays exceptées.

En considérant que presque toutes les marchandises de l'étranger sont arrivées en Angleterre en consignation, c'est-à-dire que les négociants qui les y avaient importées les vendaient pour le compte des producteurs ou marchands étrangers, qui presque toujours sont endettés envers les marchands anglais [1],

(1) Ce sont les Anglais qui ont su mieux exploiter à leur profit le crédit dans les temps passés ; mais il n'y a jamais eu de système national. Tout s'est développé sans règle préconçue et avec trop de licence,

il s'ensuit que c'est sur les étrangers que retombent les plus grandes pertes que ces crises amènent en baissant les prix quelquefois de 15 à 20 p. cent. Si alors, comme il arrive pour les planches et les bois de la Baltique, un droit d'entrée est prélevé de 250 p. cent sur la marchandise, il est clair que cette baisse de 15 à 20 p. cent emporte toute la valeur de la marchandise, en un mot de tout ce qui appartenait à l'étranger, le reste suffisant à peine pour les frais et les droits de douane. Le système monétaire anglais n'est peut-être plus en danger aussi longtemps que cette banque peut se procurer des secours par celle de la France, et par les autres grands amas d'or à Amsterdam et à Hambourg : c'est ce qu'elle vient de faire dernièrement [1]. En revanche, elle abuse d'autant plus de son crédit, et taxe ainsi tout le monde. Etant forcée de rendre compte annuellement de son état, elle n'a pas honte d'avouer publiquement que tout son capital (15 millions) est placé chez l'Etat : elle soutient sa circulation lucrative avec l'argent des déposi-

Quand des abus ont paru, il a été trop tard de faire des réformes électives. Toutefois, nonobstant les convulsions extrêmes auxquelles a contribué le mauvais système de Banque, qui malheureusement a été adopté par les Américains des États-Unis, toutes les deux nations ont tiré des avantages immenses de l'emploi du crédit et du papier-monnaie, sur les autres nations, qui presque toutes, ont ou mal compris les conditions nécessaires à un bon système, ou ne l'ont jamais essayé.

(1) Les banquiers de la France ont fourni pendant l'automne de 1841, environ 50,000,000 fr. à la Banque Anglaise en lettres de change acceptées. Autrement cette somme aurait dû être tirée en or de ses coffres.

taires et les fonds hypothéqués, tout en laissant ses coffres presque vides d'or.

Par ces convulsions auxquelles son organisation et son accumulation extrême fournit l'occasion et l'instrument essentiel, la Banque anglaise produit, nous le répétons, deux effets; savoir : l'un, de ruiner éventuellement les Banques moins fortes, les industries moyennes, tant en Angleterre qu'ailleurs, et d'occasionner des pertes énormes aux consignants étrangers; l'autre, de grossir de plus en plus son propre ascendant par ces secousses, d'accumuler toujours davantage les capitaux dans les mains de quelques-uns, pendant que la pluralité s'appauvrit. Enfin, cette Banque, ou directement, ou comme un instrument, fait la guerre de finance à tout le monde civilisé; et cette même Banque cependant appartient à quelques individus en Compagnie d'actionnaires, tout comme la Compagnie des Indes, qui fait la guerre aux peuples de l'Asie.

Nous aurions dû, peut-être, dans l'intérêt de ceux de nos lecteurs qui ne sont pas familiarisés avec les opérations de Banque, et qui n'ont pas observé l'effet que produisent de telles opérations sur le trafic en général, exposer plus en détail la raison de cette forte accumulation des capitaux dans la Banque anglaise sous forme de dépôts, laquelle, au premier abord, est d'autant plus singulière que les dépositaires ne reçoivent aucun intérêt. Mais les bornes naturellement prescrites à un auteur qui n'est pas à son aise dans son cabinet avec ses livres, et qui, tout au contraire, en voyageant, est obligé d'écrire en ne consultant que sa mémoire, ne nous permettent pas, pour le présent, de

nous étendre sur le sujet intéressant des Banques.
Qu'il suffise donc de dire tout brièvement que les
dépôts énormes, qui, périodiquement, dans les meilleures conjonctures commerciales, vont s'accumuler
dans la Banque anglaise, ne sont qu'un signe et une
preuve de la fluctuation dans tout le système anglais,
tant d'industrie que de Banque, tout comme aussi
d'une incertitude de commerce sentie par les capitalistes anglais eux-mêmes, qui ne vont plus, comme
durant la guerre, placer leurs profits et leurs sommes
disponibles dans cette industrie et dans ce commerce,
lesquels vont en se rétrécissant ; au contraire, comme
nous l'avons dit plus haut, ils retirent peu à peu leurs
capitaux, toujours croissants, de toutes les petites affaires, et ensuite, en les plaçant sous leurs propres
yeux dans la Banque anglaise, ils se procurent l'occasion de faire de grands coups de main, qui les dédom-
magent de leur perte d'intérêts pendant plusieurs
années. Enfin, l'effet de cette réaction dans le système
anglais n'est que trop évident à quiconque ne se
trouve pas, comme particulier trop engagé dans des
spéculations industrielles ou comme homme d'état,
préoccupé des idées de conquêtes sur terre ou sur
mer. Ce système n'aboutit qu'à enrichir les nations
en bloc, sans penser à la manière dont les richesses
peuvent être distribuées et maintenues dans un
équilibre salutaire à toute la population.

En résumant, disons : les Anglais ont développé les
arts, les sciences matérielles et l'industrie au plus haut
degré ; mais ils ont négligé de réformer leurs lois et
de modifier en même temps leur organisation. C'est
pourquoi le développement moral et social est resté

en arrière. Ils ont cru que leur supériorité en capitaux et en marine pouvait monopoliser le commerce du monde entier, et voilà ce système de monopole et de centralisation qui a réduit plus que la moitié de la nation au paupérisme. Ils ont cru pouvoir seuls s'arroger le privilége de fournir le monde entier d'objets manufacturés, en ne recevant en échange que des produits bruts; et voilà que, par réaction, tout le monde veut s'affranchir de cet assujettissement industriel qui lui suscite une si vive opposition. Ils ont voulu enfin faire la guerre au monde entier; et voilà toutes les nations qui leur vouent une haine au fond de leurs cœurs, et à un degré auquel nous ne nous serions pas attendu, sans l'avoir bien constaté durant notre tour sur le continent.

Et pour calculer combien de temps l'Europe en paix peut contempler l'état de l'Angleterre sous son développement onéreux, nous devons encore pousser notre examen plus loin, et faire quelques extraits du livre de M. Mac-Gregor sur les ressources de l'État. Cet auteur dit, page 252 :

« Quelque onéreux que soit le système de nos taxes, et quelque perplexité qu'il puisse susciter à tout chancelier de l'échiquier, nous avons peu d'espoir qu'il puisse subir quelque diminution notable. »

Ensuite, p. 254 :

« Nous n'avons aucun espoir d'obtenir une répartition parfaitement équitable des *assessed taxes*, ou bien nous proposerions simplement de les abolir toutes à la fois et d'y substituer un impôt direct de quatre schelling par livre sterling sur le revenu des terres, des maisons et des tenements dans le royaume-uni, en tenant quittes de l'impôt les maisons d'un revenu.annuel inférieur à cinq livres sterling. Un revenu de 10 à 12 millions serait probablement le produit d'un impôt direct, levé d'après ce principe simple et équitable; et nous ne doutons pas, d'après les observations que nous avons faites en France, en Autriche, en Prusse et dans tous les autres Etats, qu'au bout de peu d'années sa perception serait trouvée moins onéreuse par les habitants de la Grande-Bretagne que les *assessed taxes* établies, qui entraînent tant de vexations et de mesures inquisitoriales. Mais nous ne nous dissimulons pas les *obstacles parlementaires* qu'on susciterait contre un impôt si équitable, en remplacement des *assessed taxes* existantes.

« Le premier grand obstacle à une telle mesure se rencontre dans l'acte du Parlement de 1789 pour le rachat de l'impôt foncier (*land taxe*), qui est certainement la plus grosse bévue financière que jamais homme d'état anglais ait commise. L'absurdité d'un *expédient* doit toujours donner naissance à quelque autre expédient déraisonnable pour pallier pour le moment ce qui ne peut être guéri que par un remède hardi et énergique. Des expédients temporaires, pris sans aucune prévision judicieuse des nécessités de l'avenir, ont donné naissance aux difficultés financières qui ont provoqué la suspension des paiements de la Banque. Les embarras dans lesquels cet acte entraîna le chancelier de l'Echiquier, le porta à avoir recours à l'expédient le plus profitable, qui consistait à offrir en vente les revenus directs de la Grande-Bretagne (*fixed revenus*). L'histoire de cette mesure, en tant qu'elle a été mise à exécution, peut être très

instructive, en montrant combien elle a été peu avan-
tageuse au Trésor, non-seulement en proportion du
montant du revenu perdu, mais spécialement à raison
de l'obstacle que l'acte du rachat de l'impôt foncier
(*land tax redemption act*) oppose à une judicieuse
assiette de l'impôt dans la Grande-Bretagne. Si l'impôt
foncier avait été racheté complétement et non par-
tiellement, la difficulté pour la législation financière
en aurait été grandement diminuée; mais, dans l'état
actuel, la mesure crée un prétexte pour n'imposer
aucun nouvel impôt à la terre. Mais, en toute honnê-
teté, il nous sera permis de rester dans le doute sur
la valeur de ce prétexte. »

Nous ajouterons encore en dernier lieu ce que dit
M. Mac-Gregor, p. 303 et suivantes :

« L'état financier, commercial, politique de l'empire
britannique, exige pour le Trésor un revenu de 55 millions par an, afin d'être en mesure de payer, sans avoir
recours aux emprunts, la dépense courante de l'année avec les sommes éventuelles que peut néces-
siter l'accroissement temporaire de la flotte et des
armées.

« La propriété de toute nature du royaume-uni
peut, sans être excédée d'impôts, supporter, sur son
revenu annuel, cette somme et même celle de 60 millions. Mais un impôt sur la propriété (*propertey-tax*)
est si odieux et entraîne des mesures si inquisitoriales
pour son assiette et sa perception, que cet impôt, le
plus équitable de tous dans son principe, ne serait
supporté que sous le coup de quelque calamité qui
menacerait l'existence nationale. Abandonnons donc,
pour ce motif, un impôt général sur la propriété; nous

sommes obligés d'avoir principalement recours aux taxes sur la consommation.

« Les taxes actuellement levées sur les consommateurs produisent, savoir :

Douanes. 22,000,000
Accises (excise) en déduisant les droits sur les ventes (auctions).
Les licences et les droits sur les chevaux de poste (1 $\frac{1}{2}$ million)
  Ci. 12,500,000
  ____
  34,500,000
Admettant un revenu net de toutes les autres taxes
de. 13,500,000
  ____
On obtient un revenu net total.!. 48,000,000

« Il n'y a pas de doute que le revenu sur la consommation ne puisse être levé de manière à porter ces 48 millions à 5o millions, qui peuvent parfaitement pourvoir à la dépense actuelle [1]. En admettant, à la consommation intérieure, les sucres étrangers à un droit qui même ne serait pas réduit au-dessous de 4o schelling par quintal, pour combler le déficit du revenu national durant les deux dernières années, ils auraient produit un revenu additionnel d'environ quatre millions [2].

« L'admission du blé, entré en 183g, *à un droit*

[1] Il n'est pas permis à un homme d'état anglais d'avoir des doutes en ces matières, mais nous ne pouvons pas éviter ces doutes.

[2] Est-ce qu'un revenu additionnel de 4 millions est suffisant ? Cela ne pourrait se comprendre qu'avec l'addition des 1o ou 12 millions susmentionnés. Toutefois ces extraits nous semblent intéressants pour quiconque voudra les comparer avec les propositions que fera le nouveau ministère.

fixe, aurait produit trois millions au lieu d'un million; la plus grande partie de ce blé étant entrée aux droits d'un schelling et de deux schelling huit deniers, droits auxquels le système actuel des prix moyens ne permet qu'à un petit nombre de grands courtiers de faire entrer leur froment, toutes les fois que les prix moyens sont de 67 schelling.

« Le projet de tarif (*the pro formá tarif*) que nous avons introduit dans cet ouvrage, n'est pas celui que nous considérons comme le plus équitable ou le plus productif, mais il a le mérite de simplifier beaucoup l'énorme tarif existant, et le montant des droits est tel, qu'il soulagerait extrêmement les manufactures, le commerce et la navigation, en même temps qu'il donnerait d'abondantes ressources au Trésor; tandis que les droits différentiels (*while the differential duties are far more thau sufficient to meet the presumed, though fallacion, necessity for protection*) entraînent forcément la nécessité présumée, mais fallacieuse, d'une protection.

« L'adoption de ce projet de tarif opérerait une réforme si importante, quoique non parfaite, dans notre législation financière et commerciale, qu'elle augmenterait considérablement nos manufactures et toutes les autres sources d'un travail utile; tandis que notre navigation et notre commerce avec les pays étrangers, comme avec les provinces de l'Angleterre, seraient assis sur des bases beaucoup plus naturelles et plus prospères, etc., etc. »

Les propositions faites par M. Mac-Gregor, qu'on pourra regarder comme faisant partie des vœux du ministère whig, ont été rejetées, comme tout le monde le sait. Elles rencontrèrent, en vérité, des *obstacles parlementaires*, des difficultés, en quelque sorte légales. Quant à l'impôt sur les rentes, la proposition qu'en a faite M. Mac-Gregor ne serait apparemment qu'un palliatif. Telles furent sans doute aussi, en un degré plus haut, les propositions détachées du ministère défunt whig, quant aux droits de douane sur le blé, le sucre et le bois; quoique, à notre avis, elles furent les seules peut-être qu'un ministère whig eût à proposer avec espoir de les faire agréer du parlement, après avoir négligé de prendre son temps, lors du commencement de la réforme parlementaire. Le ministère d'alors se laissa arrêter à mi-chemin. Cette faute lui a valu la défection des radicaux qu'il voulait d'abord traiter avec dédain, et auxquels il fut par la suite obligé de donner la main. La faiblesse devint de cette manière visible aux yeux du peuple entier, pendant que l'influence du parti tory eut le temps de se fortifier et de tenir tous les avantages possibles des clauses du reform-bill et *des moyens électoraux* [1], lesquels furent, pour le coup, un peu plus forts que ceux de leurs honorables adversaires. Si l'on demandait à des hommes tout-à-fait étrangers aux partis, comme nous l'avons demandé très souvent nous-mêmes, s'ils désiraient que les whigs restassent au pouvoir, leur réponse était presque toujours celle-

(1) On entend par cela, en Angleterre, les sommes immenses que les partis tory et whig de part et d'autre rassemblent par des souscriptions et emploient pour s'acheter les suffrages des votants. Et ce système de corruption civique n'a rien de rebutant pour la nation entière sans doute à cause de sa grande étendue!

ci : « Nous estimons fort lord tel et M. un tel ; mais ils ont déjà gouverné dix ans et les choses ne vont qu'en empirant. »

De l'autre côté, c'est-à-dire du côté des tories, se trouvait un homme dont le talent et la capacité avait excité une admiration générale, même parmi ses adversaires [1]. Quant aux membres de son parti et à tous ceux qui se sont unis maintenant au parti tory, on leur demande en vain ce qu'ils croient que fera le très honorable premier. Ils sont certes persuadés qu'il fera des miracles, « parce que, disent-ils, il est si extraordinairement habile [2]. » Leur foi et leur confiance tout-à-fait personnelles n'ont pu, jusqu'à présent, être ébranlées en rien, parce que le premier a sagement évité de se prononcer. Ainsi, nous verrons!

En entrant dans ces matières, relatives à la politique de l'Angleterre, nous nous sommes un peu écartés de la règle générale que nous nous étions proposée de suivre en commençant cet ouvrage, d'éviter, autant que possible, les particularités. Or, de tout ce que nous avons dit précédemment, on peut conclure que la politique intérieure de l'Angleterre ne ressemble en rien à celle de presque tous les autres Etats. D'abord,

---

(1) **M. Wakeley** assura le *House-of-Commons*, dans une séance à laquelle l'auteur fut présent, que non-seulement comme membre de l'opposition, il avait toujours fort estimé les talents et le savoir de l'honorable baronnet, en le jugeant d'après sa manière d'agir comme homme d'état, mais qu'aussi, **M. W.** venait de prendre une revue phrénologique de la tête du baronnet, qui promettait beaucoup. « He had taken à phrenological survey of the head. »

(2) « So extraordingly clever. »

toute considération relativement à la dynastie et à la personne royale y est tout-à-fait superflue. Si la reine n'était pas tant aimée et respectée, comme on vient de le voir, au moment où nous écrivons,[1] parce que c'est par elle que le trône de l'Angleterre est devenu plus ferme; elle serait encore honorée, parce qu'elle a donné une preuve évidente de son respect et de son entente de la charte anglaise, et en tout cas parce que le dévouement du peuple anglais à la royauté, en tant que cette dernière respecte ses devoirs, est effectivement à toute épreuve. Ainsi, en parlant du gouvernement anglais, l'opinion qu'on énonce sur son compte ne peut atteindre que la conduite des ministres; et quant à ces derniers, leur personne, comme leur politique et celle de tout le royaume, sont tellement attaquées et tour à tour défendues publiquement tous les jours, qu'ils s'inquiètent fort peu de toutes les critiques qu'un humble étranger fait de leur système politique.

Nous pouvons donc librement considérer les motifs qui peuvent nous porter à avancer dans l'investigation de la politique intérieure de l'Angleterre. Ces motifs, nous l'avons annoncé, ne sont que de faire voir que la politique anglaise, étant la politique dirigeante du commerce, et parfois de l'industrie de tout autre Etat, pénètre tellement par son essence dans la politique générale, qu'il s'ensuit, comme nous l'avons déjà dit, qu'elle est dangereuse pour l'Europe, pour le monde entier, et qu'enfin on peut à peine séparer sa politique intérieure de celle de l'extérieur, vu que la pre-

---

[1] Décembre 1841.

mière détermine et même entraîne la dernière à un tel point, qu'un ministère anglais ne saurait, même en se sentant porté personnellement à la plus grande bienveillance envers tel ou tel Etat, ni empêcher une guerre qui serait motivée par la direction de l'opinion régnante, ni prendre aucune mesure pour concilier les intérêts justes des autres nations, tant que les *obstacles parlementaires* (mot presque technique en Angleterre) s'y opposeraient. Telle est la force entraînante des choses.

Or, il y a, outre le motif que nous venons de poser, un autre d'une nature tout-à-fait différente, et qui nous pousse également à parler fanchement de la nation anglaise. Elle s'est accoutumée depuis longtemps à laisser diriger son opinion d'après celle de deux partis rivaux, savoir, celui des tories, ou, comme ils veulent être appelés maintenant, les *conservateurs*, et celui des whigs.

Que l'opinion générale ou dominante de tout un peuple qui possède une liberté constitutionnelle soit usurpée et dirigée par deux partis, avec des qualifications indéfinissables, et que ces partis deviennent presque héréditaires dans les familles, cela est déjà à nos yeux une monstruosité énorme qui démontre que ce qu'il y a de faux et d'irrégulier dans la constitution anglaise, depuis sa fondation, a atteint aujourd'hui son apogée. Que deux hommes, ou plusieurs, avec des talents transcendants, par l'appui de leurs amis politiques, se forment et s'élèvent des partis à eux personnellement attachés, quoique mobiles, selon la variation des opinions et des intérêts nationaux, cela se conçoit parfaitement, car, sans cela, le système représentatif et constitutionnel ne serait pas exécutable ; mais que deux partis, comme ceux des torys et des whigs, *tiennent alternativement et toujours nécessairement* les rênes du gouvernement; que les individus, parmi ces partis, qui ont la mission d'être à la tête du leur, soient obligés en premier lieu de faire attention aux intérêts et aux opinions de celui qu'ils ont embrassé, pour n'être pas aussitôt destitués, cela est tellement contraire à tout constitutionalisme idéal, et tellement injurieux aux intérêts publics, qu'il serait inutile de se proposer une réforme salutaire dans l'administration anglaise, tant financière et civile que politique, avant que cet état de chose ait cessé.

Et ce que nous venons d'avancer, nous le prouverons à l'aide de la réflexion suivante.

L'Angleterre est remplie d'hommes très éclairés et très capables, possédant des lumières nécessaires en matière politique quelconque; mais, parmi leurs compatriotes, personne ne fait attention, qu'en passant, à leurs avis, à leurs conseils sages, parce que tout orateur, tout écrivain anglais est toujours jugé d'avance aussitôt qu'il ouvre la bouche ou qu'il prend la plume, comme appartenant plus ou moins à l'un ou à l'autre des deux partis autocrates, qui entraînent toujours à la fin, dans leurs opinions, tout le reste de la population. La nation, en général plus agissante que réfléchie et accoutumée à entendre tous les jours tant d'opinions, sans les voir adoptées, quand même elles sont impartiales et proférées sans exagération, n'ose plus s'en former une idée qui soit indépendante de celle que lui offre le parti dominant, dont elle espère, tout en vacillant périodiquement, l'établissement de son bien-être. De l'autre côté, on se prévaut du sentiment connu presque religieux pour tout ce qui est d'ancien usage, qui est un *précédent*. On tient aux abus jusqu'au dernier moment, et l'on établit sur eux des calculs avec une sagacité et un sang-froid imperturbables.

Que les étrangers donc, que les hommes des nations non rivales de l'Angleterre, et qui ont déjà des noms connus en Europe, comme les philosophes distingués, également éclairés et désintéressés, cherchent à produire une opinion européenne, ou plutôt cosmopolite! qu'ils offrent, après des investigations bien réfléchies, leurs avis au peuple anglais! Sans doute un bon sens naturel et cultivé lui ferait sentir qu'il ne doit plus dorénavant négliger de réformer au moins le grand défaut de son caractère national, désigné comme insociable et qui peut sans doute être corrigé, en grande partie, par des efforts individuels chez une nation qui est si fortement imbue du sentiment du devoir. L'Angleterre, avec l'esprit qui l'anime, est assurément très nuisible, dans un sens, aux progrès de la civilisation. Qu'elle s'en aperçoive elle-même! et qu'elle sache qu'en persévérant, ce même esprit ne lui procurera que des avantages passagers! Cet esprit, s'il n'est pas combattu, la détournera toujours de cette justice et de cette égalité qui doivent régner entre les nations. Il est temps que la vertu, pratiquée dans la vie privée en Angleterre, soit enfin visible dans sa politique, et qu'elle se soumette la première à ces lois éternelles créées pour régir l'humanité entière. Par la division de la race humaine sur différentes parties du globe, certaines nations ont été na-

turellement plus ou moins favorisées quant au sol et
au climat; mais en tant que les désirs sont les mêmes,
elles ont par conséquent les mêmes droits.

Toutes ces observations ainsi que nos prétentions
à ce qu'une révision se fasse dans la politique anglaise,
ne s'étendront guère au-delà de la société civilisée.
Ainsi nous accordons aux Anglais d'exploiter les peuples que nous sommes obligés de considérer comme
barbares, sous la réserve toutefois que, même dans
l'intérêt des Anglais, ils agissent noblement et avec
loyauté en leur qualité de colonisateurs, et qu'ils fassent le bonheur des peuples qu'ils se soumettent,
loin de les désunir et de les accabler! Pareille conduite de la part de la première puissance maritime ne
manquerait pas de produire le bien-être social, et il
en serait immanquablement ainsi dès que le gouvernement anglais saurait mettre des bornes aux entreprises des grandes corporations qui sont généralement beaucoup plus malfaisantes que celle des aven-
turiers-colonisateurs. Ceux-ci, quand ils ont l'intention
de se fixer sur quelques points du globe dont ils s'em-
parent, en peuvent souvent être regardés comme les
bienfaiteurs, tant qu'ils ne deviennent pas les instruments des grands capitalistes de Londres. Donc, si
toutefois il est possible que le surplus de la population anglaise puisse être transportée dans l'autre hé-
misphère, projet dont on s'est beaucoup occupé à la
fin de l'an 1841 malgré tant de tentations échouées,
et que la race anglaise puisse ainsi s'étendre partout
comme elle a commencé, avec ses mœurs domestiques,
nous nous réjouirons du succès qui se rattacherait à
un tel plan, mais à condition que nous verrons par la

suite les colons de l'Angleterre rentrer dans la société des États indépendants; car le système colo-
nial actuel est incompatible avec la liberté de commerce et avec l'émancipation commerciale du monde.
Qu'importe que les ports de mer anglais soient un
jour plus libres aux importations des autres États, si
les ports de leurs colonies ne le sont pas? Nous exi-
geons beaucoup, nous le savons; mais il faut bien
une fois commencer à dévoiler tout le mal et toute
son étendue. Les Anglais sauront jusqu'où iront les
réclamations de ce monde industriel qui vient de s'é-
veiller et qui ne sera pas content avant que l'égalité
soit rétablie en tout. L'avis de se défaire de leurs colonies leur a été donné depuis longtemps par leurs
compatriotes les plus sages, et l'intérêt bien entendu
du peuple l'exigera peut-être un jour. Toute la nation
ne tardera pas à trouver dans ces mêmes colonies
émancipées une source intarissable de richesses qui,
sous le système actuel, ne reviennent qu'à un petit
nombre d'individus. Il est à croire aussi que les autres nations civilisées de l'Europe et de l'Amérique,
bien loin alors de porter envie aux Anglais, leur seraient reconnaissantes en raison de la mission noble
et civilisatrice qu'ils auraient accomplie d'une telle
manière. La supériorité que réclame l'Angleterre ne
doit consister qu'en cela. Les nations tiendront désormais les yeux fixés sur ses entreprises; elles ne se
laisseront plus tromper par des caresses en forme de
traités par lesquels ils tâchent de les endormir[1], et de
suspendre leur progrès; elles ne considéreront plus

(1) On se fâche beaucoup en Allemagne de ce qu'un diplomate

comme sincères leurs protestations d'amitié et l'étalage de leurs sentiments pacifiques avant qu'ils aient restitué du moins, Gibraltar aux Espagnols, et le Helligoland aux Allemands, sinon Malte aux Italiens, et les îles Ioniennes aux Grecs ; de plus, qu'ils aient aboli leur acte de navigation et opéré des changements décisifs dans leur système de colonies, dans leurs restrictions exclusives, dans leur haut tarif de douane et dans leur système de banque.

Nous savons qu'aujourd'hui la grande majorité du peuple anglais souhaite la paix et le commerce libre [1], mais cette majorité (hors du parlement) est plus que jamais dominée par une minorité qui ne fut pas bien ménagère des ressources du peuple, chaque fois qu'elle put s'arroger de nouvelles prérogatives en faisant la guerre. Nous voyons fort bien que le *déficit* du budget anglais, montant à présent à 6 ou 7 millions de livres sterling, et toujours croissant, augmentera encore plus la dette nationale par de nouvelles exploitations de ce genre ; mais de telles considérations ont-elles jamais retenu de faire la guerre le parti qui gouverne actuellement ? Au contraire, nous savons bien que, tout faible que fût depuis longtemps le gouvernement, aussitôt qu'il s'agissait d'un retranche-

anglais ait osé demander à un homme distingué qui avait beaucoup d'influence sur le développement de l'association de douane allemande et sur l'établissement des fabriques dans ce pays, si les Allemands ne voudraient pas se désister de ces opérations en cas que les Anglais ouvrissent leurs ports au blé allemand à un taux d'entrée modéré.

(1) Voy. Mac-Gregor, page 8.

ment ou de faire passer une bonne loi de réforme,
tout impuissant qu'il fût d'amener les corporations
aristocratiques dans la voie de la modération; pourtant la force, l'audace et le succès ne lui manquè-
rent jamais quand, au profit de ces mêmes corporations par l'assistance desquelles il disposera toujours
des trésors et du crédit de l'État, il voulut attaquer
ceux qui s'opposèrent aux prétentions de ces corporations vampires de l'humanité. Faiblesse à faire
le bien, forces énormes pour faire le mal, voilà quel
sera le caractère du gouvernement anglais, tant qu'il
se trouvera aux mains des partis. Une tendance toute
naturelle vers un état de guerre et de rapine, voilà
l'effet de tout son système dans son développement
complet. Dans l'esprit national, dans l'activité extrême de cet esprit qui a eu une direction si exclusive
chez tout le peuple, ce peuple qui ne fut jamais plus
uni que quand il fut question de faire prépondérer
l'Angleterre[1], et, pour trancher le mot, dans le déses-
poir qui presse les masses, tourmentées par l'accise[2],
par l'anéantissement de leur profit et ensuite par la
famine, le ministère tory trouvera toujours un levier
plus prêt et plus facile à manier pour populariser la
guerre, que pour réformer les abus si profondément
enracinés.

S'il en est ainsi pour nos nations civilisées de l'Europe et de l'Amérique, méfions-nous de l'habileté et
de la douceur de l'illustre premier anglais. Pendant
la trève qu'il fait observer, il arme, il prépare de nou-

(1) *Rule Brittania.*
(2) **Mac-Gregor, page 278.**

velles machines de destruction dans tous les ports, et il
ne veut rien rabattre des entraves et des droits restric-
tifs dont la suppression ferait fleurir votre commerce
qu'il voudrait plutôt anéantir. Veut-on nous faire croire
que c'est seulement contre la Chine que ces flottes
sont destinées, et que ce seront les trésors de l'empereur céleste qui combleront le vide dans l'échiquier
anglais? Personne ne le sait, et quant à nous, nous ne
nous réjouirons pas au trépas des Chinois, qui est
tout autre chose que l'assimilation de leur civilisation
à la nôtre. Tout au contraire, cette assimilation ne se
fera jamais de cette manière. Après tout, l'augmentation de la marine anglaise, au milieu des difficultés
pécuniaires, est un défi, une menace à tout le monde.
Que tout le monde se tienne donc sur ses gardes. Le
léopard anglais semble être en repos; mais il ne fait
qu'aiguiser ses griffes. Vous ne serrez pas assez vos
rangs; vous vous querellez pour des bagatelles : mais
il vous observe; et, au moment où vous serez aux
prises entre vous, il vous saisira, comme il l'a toujours fait, et vous conserverez toujours l'empreinte de
ses ongles qui ne lâchent jamais leur proie... Puissent
les événements ne pas donner un jour une confirma-
tion déplorable à nos prévisions!

Cette crainte, bien ou mal fondée, dont nous sommes saisis, dont nous venons de faire l'aveu, et qui
a été causée par l'examen tant en détail que dans leur
ensemble, de tout ce qu'il y a de principes insociables
dans le système financier de l'Angleterre, dans la har-
diesse souvent involontaire du gouvernement[1], dans

1) Au moment où la plus grande partie de ce chapitre, achevé au

la grandeur de ses forces armées répandues comme
elles le sont par tout le monde, et toujours préparées

mois de décembre, est sous presse, nous voyons que le président des
États-Unis s'est déclaré contre la visite des bâtiments américains par
les croiseurs anglais. Nous avions parlé de ce sujet de différends entre
les deux nations comme une preuve de la manière dont les Anglais
savent s'y prendre pour faire subir aux autres les lois qu'il leur plaît
de dicter eux-mêmes, aussitôt qu'ils ne peuvent atteindre leur but
par négociation, et comment ils appliquent ces lois à l'égard de ces
nations qu'ils osent affronter, même contre leurs protestations. Les
États-Unis n'ont jamais accédé aux traités conclus en 1831 et 1833,
relativement à la traite des noirs par les nations de l'Europe, mais
néanmoins les Anglais ont agi sur les principes vacillants de ces traités.
Voilà notre preuve. — Sur le principe lui-même, nous ne pouvons
pas changer notre opinion déjà posée. Malgré tout ce qu'on a répliqué
dans les journaux anglais au raisonnement du président Tyler, et
malgré l'atténuation du prétendu droit de visite, qu'on a vue faite par
le ministère anglais dès le moment que la résistance commença à être
sérieuse, c'est-à-dire que les croiseurs anglais n'auraient pas le droit
de confisquer ou de faire condamner un bâtiment américain, quand
même il serait surpris faisant la traite des Nègres, seulement qu'il
devrait être permis à ces croiseurs de s'assurer, par la visite, que le
pavillon américain n'était pas emprunté par des gens, le rebut de
toutes les nations, qui s'occupent du trafic déclaré acte de piraterie.
Nous n'entrerons pas en considération d'une question assez problématique ; si le but déclaré des traités sus-mentionnés qui déracinent
l'esclavage peut réellement être atteint par de tels moyens, ou s'il y en
a d'autres plus efficaces, nous n'oserons pas non plus déterminer
quelle part, dans la résistance des Américains aux visites des Anglais,
a eu l'expérience assez bien constatée que ces visites se font souvent
pour détourner et embarrasser le commerce, et aussi peut-être pour
avoir l'occasion de saisir et mettre sous la presse les matelots anglais
qui se trouvent à bord des bâtiments américains. Nous répéterons
seulement qu'on est entré dans une fausse voie quand on permet à
une autre puissance de faire la police pour son compte ; que le droit
de visite dans un bâtiment qui, par son pavillon, a déclaré sa natio-

à l'action, dans l'esprit même de ces forces, hargneux et presque aveugle aussitôt qu'il s'agit d'attaquer ou de détruire, soit pour des bravades militaires propres à démontrer leur supériorité maritime ou leur prétention de faire la police générale sur mer, soit pour assister les entreprises envahissantes de leurs grandes compagnies qui font *statum in statu*; cette crainte, que nous voudrons appeler raisonnée, parce qu'elle n'est pas l'effet du moment et d'un accident passager, mais plutôt des causes qui existeront probablement très longtemps; cette crainte enfin, nous ne la sentons pas à l'egard de l'industrie de l'Angleterre. Ni le développement immense de cette industrie, ni les produits manufacturés d'une qualité supérieure et souvent d'un prix modique, ne nous inspirent aucune frayeur pour les peuples qui sont ou qui peuvent être vraiment libres.

Nous faisons cette réflexion, non comme une introduction à la question d'économie politique de protection par des douanes, que nous ne pouvons trai-

nalité, n'est autre chose qu'un acte de police bien distingué de celui qui pourrait être permis saus péril pour les droits nationaux, savoir celui d'observer et d'accuser le marchand nègre aux tribunaux de divers pays; mais le droit de le visiter, de le saisir sur des soupçons et de l'amener, cela descend dans la police correctionnelle, chose qui est assez difficile à régler par loi sur terre, et impossible presque sur mer, et en tout cas rentrant dans la catégorie de ces droits de législation qu'une nation libre ne saurait sans danger conférer à la diplomatie.

Nous ne pouvons finir cette note sans adresser des remerciments au président Tyler à cause de sa réclamation, et des félicitations à toutes les nations commerçantes au sujet de la tournure que cette question de visite prendra probablement par suite de cette même réclamation.

ter ici, mais pour ne pas être mal compris, quant aux conclusions qu'on voudra peut-être tirer d'avance de nos observations sur l'Angleterre. Protection est nécessaire sans doute contre les prétentions inadmissibles des Anglais, et peut-être une résistance ferme et générale ; mais nous ne croyons pas que dans ce que nous venons de dire sur l'Angleterre et sur les principes antisociaux qui y règnent, il y ait rien qui doive faire présumer que nous songions à un remède si futile et si inefficace qu'une opposition par les douanes. Les moyens doivent être proportionnés au but et les forces répulsives à celles qu'on aura à combattre. Comment donc voudrait-on employer ces sortes de défenses qui ont détruit tant de pays au lieu de préserver leurs richesses? Qu'il ne soit pas question de richesses avant que l'indépendance soit établie? Les richesses ne viendront jamais qu'après! Mais nos investigations sur les différends internationaux ne sont encore que commencées; ainsi ne devançons pas la conclusion sur des données incomplètes.

CHAPITRE IV.

L'ALLEMAGNE.

En entrant dans ce beau pays, la première réflexion politique qui se présente se rattache ordinairement à la division du territoire en tant de fractions, ayant presque chacune un système gouvernemental à part. L'étude de toutes les diversités qui en résultent serait peut-être instructive sous d'autres points de vue; mais, relativement à la politique générale, ce n'est que la Prusse, comptée parmi les cinq grandes puissances, qui offrirait quelque intérêt particulier, s'il s'agissait seulement de trouver la solution d'une question spéciale. Mais nous qui cherchons à pénétrer dans l'avenir, et, pour cette raison, voulons examiner les différends nationaux dans lesquels l'Allemagne pourrait entrer, ou comme membre actif à remuer le monde, ou comme ayant quelque poids dans la grande balance pour rétablir l'équilibre (s'il s'en trouve un en politique), nous ne pouvons pas déconsidérer les autres trente-sept États parmi lesquels l'Autriche seule, quoique sous des rapports tout-à-fait différents, exerce une influence générale ; c'est-à-dire trente-six États allemands souverains, embrassant une population nombreuse et même riche, ayant un territoire vaste, cultivé et sillonné par des fleuves navigables qui n'entrent pour rien comme élément actif et politique[1].

En vérité, cette réflexion est accablante, quand on y ajoute que tant d'autres États moyens et petits en Europe n'y semblent avoir autre chose à faire que d'être attentifs aux brouilleries, peut-être sur des bagatelles, qu'il plaît aux grandes puissances de se ménager, ou entre elles ou avec d'autres, afin de pouvoir en venir à des éclats quand elles le jugeront convenable !

Or, ces idées qui nous reviennent toujours, et auxquelles la situation de l'Allemagne donne naturellement une impulsion nouvelle, reçoivent pourtant un peu de soulagement au fur et à mesure qu'on avance dans ce pays et qu'on entend de toute part, sous forme et d'autre, des expressions assez significatives pour en conclure qu'il n'en sera pas toujours ainsi.

C'est sous ce point de vue particulièrement que cet article a été conçu, quoiqu'il y en aient beaucoup

---

(1) Par rapport à l'Allemagne, la maxime de M. Mac-Gregor ne pourra guère être appliquée que : « Le pouvoir d'une nation dépend dans le temps moderne, comme tous l'admettent, principalement du revenu net qu'elle peut fournir et cela avec la moindre oppression possible. » Chap. II, pag. 241.

d'autres qui y ont été compris par suite du développement 1.

Il faudrait d'abord tâcher de rassembler sous des points de vue généraux les éléments politiques qui se trouvent en grande quantité dans ce pays, ce qui est pourtant très difficile, parce qu'il n'y en a presque, en ce moment, aucun où l'on puisse trouver de l'unité. La langue, il est vrai, est commune à ces trente-huit États, et ils sont confédérés, si vous voulez, par la constitution de Vienne qui les a soumis à la diète de Francfort, mais sans que par cela la réunion ait pu empêcher beaucoup de divisions internes. On pourrait dire que par cette confédération la force armée de toute l'Allemagne a l'air d'être mieux concentrée que sous l'ancien empire ; ce qui pourtant n'est absolument exact que dans le cas de défense contre une première attaque, et en ce qu'au lieu des *contingents* chétifs des évêchés et autres petites principautés médiatisées sur la frontière occidentale vers la France, il y a maintenant des États plus considérables ayant derrière des forteresses bien approvisionnées,

(1) Le lecteur est prié pourtant d'excuser le style haché qu'il y remarquera sans doute. L'article était presque achevé, quand nous sommes entrés en France et y avons trouvé dans la *Revue des deux Mondes* (1ʳᵉ livraison de cette année) le complément des *Études historiques et politiques de M. de Cazalès sur l'Allemagne.* Tous les faits identiques, que nous avions recueillis et sur lesquels nous voulions fonder nos raisonnements, ne pouvaient être répétés, et en faisant des retranchements à la hâte, notre article est devenu tel qu'il est. Toutefois il est presque nécessaire, en le lisant, d'avoir celui de M. de Cazalès sous la main, pour qu'on ne trouve pas nos réflexions trop détachées des faits sur lesquels elles sont basées.

trente-six-mille soldats toujours prêts à marcher. Il n'est plus aucun doute du sentiment général en Allemagne là-dessus. La politique qu'a suivie jusqu'ici la diète, en laissant agir et dominer en toute question de police intérieure le régime conservateur et soupçonneux de l'Autriche, a eu pour effet, en premier lieu, d'éloigner de ce dernier État tous les esprits patriotiques, et en second lieu, de faire ressortir d'autant mieux le caractère personnel des autres souverains qui ont penché plus ou moins vers ce même régime. Donc s'il y avait pour le moment des raisons suffisantes pour craindre l'explosion d'une guerre continentale, on ne saurait penser qu'en frémissant au sort malheureux qu'aurait à subir ce pauvre peuple, faute d'unité nationale bien établie. En vain nous dira-t-on qu'une attaque extérieure ne fera que l'affermir dans son union actuelle, par l'effet de ce sentiment national dont nous avons reconnu nous-mêmes le progrès. Ce sentiment n'est encore qu'un effort naturel vers l'ordre, vers cette unité qu'on cherche, mais dont on n'a pas encore trouvé le point central auquel on se fixera. Après une ou deux batailles malheureuses, ou même après quelques rencontres pas tout-à-fait décisives en leur faveur, il y a toute raison de croire que la division actuelle en plusieurs petits États, et les dissensions qui en proviennent auraient les mêmes résultats que jadis ; cette fois pourtant ils entraîneraient à leur suite des troubles, et peut-être aussi, malgré la douceur proverbiale des Allemands, des réactions de vengeance personnelle dont les horreurs et l'issue seront incalculables. Le danger n'est pas peut-être aussi grand qu'il nous paraît en nous plaçant au point de perspective, ayant tous les éléments actuels en profil des deux côtés ; mais alors ce n'est que dans les intervalles nécessaires accordés par le temps, qu'on peut tirer un argument rassurant pour nous réfuter, c'est-à-dire, ce n'est qu'en supposant qu'on va bien employer ce délai jusqu'à une irruption de guerre, impossible à prévoir, que le peuple allemand pourra trouver cette unité nationale qui lui manque et qu'il désire si vivement.

En calculant les chances probables pour arriver au but, la première grande question qui se présente sera sans doute si, en cette formation problématique d'unité allemande, on se séparera de l'Autriche ou non ? Nous croyons cette séparation nécessaire à cause des relations politiques d'une toute autre nature qu'a l'Autriche avec ses autres parties intégrantes ; mais nous n'oserons pas opiner sur le *quomodo* ni dire quel en sera le point de départ. L'Autriche a su attirer dans ses vues plusieurs des princes de la haute Allemagne professant la même foi religieuse et politique, et l'on comprend bien que cette puissance, qui a long-temps exercé une influence presque absolue en détail sur chaque petit état en Allemagne, la Prusse exceptée, ne lâchera pas prise aisément. Probablement l'Autriche suivra son ancien système de temporisation. En cette vue, peut-être, et d'après les visites que fit dernièrement M. de Metternich dans les petites cours, on parla au mois de décembre de l'accession de l'Autriche à l'association de douanes allemandes comme d'une chose arrêtée. La chose a été abandonnée plus tard, dit-on, mais d'un autre côté un projet de chemin de fer en commun entre l'Autriche et la Saxe vient d'être arrêté. Ainsi de nouvelles connexions viendront raffermir les anciennes ou leur succéder, et le temps précieux s'écoule sans aucun pas décisif.

Pourtant, nous sommes loin de considérer ces connexions comme nuisibles. Encore moins nous nous sentons aucun désir de déconsidérer les intérêts de l'Autriche, en nous laissant entraîner dans aucune partialité pour ceux de l'Allemagne proprement dite. Cette dernière, nous ne le dissimulons pas, nous la chérissons beaucoup parce que nous venons d'y reconnaître des sympathies profondes, non-seulement d'une même origine, mais aussi d'une tendance politique plus pure, plus élevée et plus universellement philanthropique qu'ailleurs. Or, comment les peuples-sujets de l'empereur autrichien, et particulièrement ceux qui parlent l'allemand, pourront-ils rester tranquilles quand le lien fédéral se brisera ou que le nord de l'Allemagne viendra à se séparer d'eux? Il nous faut donc reconnaître que toute politique humanitaire et juste devrait aussi embrasser l'avenir des Autrichiens; et pourtant nous sommes obligés d'avouer notre insuffisance à traiter ce qui regarde particulièrement l'Autriche, et le point de départ d'une séparation crue nécessaire ou inévitable entre le Nord et le Sud. Nous dirons ici, en passant, que c'est à l'Autriche qu'est dévolu probablement le grand rôle, quand une fois la race turque ne pourra plus se soutenir, d'empêcher que les Russes viennent s'approprier Constantinople. Le Danube est le fleuve autrichien par excellence, voilà pour elle un champ d'exploitation immense que la nature lui a réservé.

En disant que le temps précieux s'écoule, nous

avons pourtant pensé et à l'Autriche et à l'Allemagne ; car il est aussi dangereux à celle-là qu'au grand corps germanique de se fier aux liens faibles de la confédération, surtout si l'attaque arrivait du côté de l'est, ou même de l'intérieur de l'Allemagne. En observant que l'Autriche a l'air de temporiser, tout en se rattachant à l'Allemagne ou aux États individuels, notre but était de fixer l'attention des deux côtés sur l'effet dilatoire de cette politique, sans intention d'affaiblir ou de diminuer les conséquences d'utilité matérielle qui résulteront indubitablement pour les deux partis et pour l'Allemagne entière des constructions de chemins de fer et de canaux, partout où ils seraient praticables. En effet, toutes ces communications déjà existantes ou projetées, ne sauraient manquer d'avoir quelque influence sur les relations politiques des peuples ; elles contribuent à la civilisation générale, favorisent le commerce et forment par là des liaisons industrielles qui rapprochent les esprits les plus opposés. Mais comme elles peuvent exister entre des nations différentes sous tout autre rapport, il est clair que ces sortes de liens ne méritent pas toute la considération, au point de vue politique, qu'on est peut-être porté à leur accorder. Ainsi, si la politique de l'Autriche est telle que nous venons de le supposer, si elle veut renvoyer dans un temps plus éloigné toute séparation définitive du corps germanique par ces sortes de liaisons commerciales, tantôt projetées, rejetées et renouvelées, elle peut aisément s'y tromper ; car certainement les autres États, ou plutôt tout le peuple allemand sentira bientôt, en cas d'une séparation politique, que tous leurs autres intérêts sociaux l'emportent de beaucoup sur ceux auxquels ces communications se rattachent, et que d'ailleurs rien n'empêche la continuation et le développement de celles-ci, même après une séparation politique.

Ces mêmes réflexions sur le mérite des entreprises en tout genre de communications, quand on veut les considérer comme des ressorts politiques, nous les appliquons presque entièrement à la fameuse association de douanes. Elle a été très utile en sens commercial et industriel ; elle a même jusqu'ici servi peut-être comme instrument politique à rallier les petits États autour d'un but commun, savoir, de détruire tout ce qu'il y avait de nuisible dans l'organisation antérieure ; mais nous ne pouvons lui accorder aucun mérite comme base solide en politique, comme fondement de l'unité nationale en question, étant dans sa nature plus négative que positive. Cette assertion nous l'osons faire avec plus de confiance depuis que nous avons lu l'article de M. de Cazalès. Dans cet article, fécond en preuves solides, il est dit [1] : « Que l'association n'était qu'un pas vers l'unité politique ; que son importance avait été fort exagérée par ceux qui se croient à la veille de cette unité tant rêvée, » mais « qu'il y avait encore trop d'obstacles pour y arriver. » Ces réflexions viennent à l'appui du jugement que nous en avons porté, dès le mois de novembre, en opposition à la clameur générale, en 1840, et à l'opinion émise par MM. de la Nourrais et Bères, en 1841. Selon ces derniers, *le premier pas* faisait prévoir [2] « *une absorption du Midi*

[1] Première livraison de janvier 1842, pag. 18.
[2] Page 104.

par la Prusse, et une *réalisation de l'unité germanique sous la suprématie prussienne.*» La diversité entre ces opinions n'est pas si grande que l'on ne puisse, en quelque sorte, l'expliquer par la différence de temps où ces observations ont été faites. Relativement à la Prusse, l'opinion de MM. de la Nourrais et Bères était très répandue en 1840-1841 ; mais on ne peut nier qu'on s'en détache aujourd'hui de plus en plus. Nous n'avons rien voulu changer à nos premières observations quoique depuis, comme on le verra dans la suite, nous avons senti que les opinions que nous avons recueillies en Allemagne comme M. de Cazalès, pouvaient n'avoir pour bases que des motifs passagers, et que par conséquent l'on pouvait envisager la politique de la Prusse d'une autre manière.

Mais le danger de rester dans le *statu quo* et de laisser le temps s'écouler sous des auspices si menaçants, nous décide à aborder les questions allemandes de plus près.

Sous quel point de vue une guerre ou une commotion quelconque serait dangereuse à l'Allemagne, nous l'avons déjà dit; mais il y a un autre danger auquel l'expose le développement fautif de ce même premier pas qu'elle croit avoir fait vers l'unité nationale. Que l'association de douanes a été bienfaisante en faisant tomber toutes les barrières intérieures, et que l'industrie en a reçu un grand essor, personne ne le contestera ; mais malheureusement les avantages de cette opération ne sont pas appréciés partout à leur juste valeur par la classe industrielle. Pendant que la grande masse du peuple, les gens bien éclairés seuls exceptés, est tombée dans l'erreur en s'imaginant que l'accomplissement de cette association, c'est-à-dire l'accession du Hanovre, du Mecklenbourg et des villes Hanséatiques en partie amènerait la réalisation de l'unité nationale elle-même (erreur qui donne à cette masse un espoir trompeur), les *Mercantilistes,* à la tête desquels s'est placé le docteur Fr. List, prétendent que c'est par la protection donnée par les douanes que l'industrie allemande a commencé à renaître, et que par conséquent cette jeune industrie doit être encore plus protégée par des droits d'importation augmentés ; que les forces productives de l'Allemagne, encore faibles, demandent surtout cette protection pour n'être pas écrasées par les forces supérieures de l'Angleterre particulièrement, et qu'enfin ce n'est que par ce système, opposé à tout ce que la science a démontré depuis longtemps, que la nationalité allemande se développera et se fortifiera.

Il y a beaucoup à dire sur la question de protection par droit de douane. Nous nous bornerons ici à faire observer premièrement, comment les intérêts individuels sont toujours prompts à s'emparer du bien-être qui découle quelquefois des événements, et comment il y a alors toujours des gens assez éhontés pour essayer d'établir des doctrines même en contradiction avec les faits les plus évidents. Si l'industrie de l'Allemagne vient de renaître par l'association, n'est-ce pas à cause des entraves qu'on a ôtées, et à cause de la diminution dans les taux de douanes, et l'extension du marché ? Ces entraves, ces droits plus hauts qu'on vient d'abolir, n'étaient-ils pas aussi des instruments de protection poussés au plus haut degré de ce principe, qu'on prétend être si bienfaisant ?

Si, dans l'intérêt des capitalistes à présent dirigés vers l'industrie, et peut-être appuyés par la majorité des souverains, l'Allemagne se laisse tromper dans ces matières, si elle se laisse conduire dans cette voie dangereuse de rehausser les droits d'importation, sous quel motif de protection que ce soit, elle verra bientôt se multiplier tous les obstacles qui s'opposent à présent à son unité nationale, et c'est sous son organisation politique actuelle qu'il y a le plus de danger pour elle que l'industrie ne se développe de la même manière qu'en Angleterre, c'est-à-dire que la distribution générale des richesses s'arrête, et qu'une accumulation énorme des fortunes en peu de mains amène l'indigence et le paupérisme à côté des grands établissements industriels, et son sort financier sera dans l'avenir le même que celui de l'Angleterre. Pour éviter tous ces maux, il faut à l'Allemagne des lois préventives générales ayant pour but l'avenir de l'ouvrier. Est-ce qu'elle peut attendre ces lois de ses législateurs actuels? D'ailleurs, c'est en rabaissant encore plus et graduellement ces taux de droit, qu'elle forcera ensuite le Hanovre de s'allier à elle, et que les villes Hanséatiques seront portées de bon gré à accéder à cette association. La position pour faire le commerce libre est trop favorable à ces républiques, dont le régime est exclusivement commercial, pour être sacrifiée à un fantôme illusoire, quand même il porterait le beau nom de nationalité allemande.

Que cette expression ne soit pas mal interprétée : nous ne voulons rien dire qui soit dérogatoire au sentiment de nationalité des Allemands. Nous avons voulu seulement faire entendre que l'organisation toute particulière des petites républiques Hanséatiques ne saurait permettre à ces citoyens négociants de sacrifier leur état social passablement libre, et leur position mercantile éminemment favorable, à une idée, avant que la réalité n'en soit plus palpable qu'elle ne l'est à présent. La diminution successive des droits de douane est donc non-seulement un *sine quâ non* pour s'attirer et les villes Hanséatiques et les cantons Suisses, qui sont à peu près dans la même situation ou qui, du moins, ont établi et pratiqué la liberté de commerce; mais aussi on pourrait avancer comme règle universelle, que tout peuple qui veut réellement être libre et qui n'est pas contraint de satisfaire aux exigences d'un grand budget, ne devrait jamais souffrir des droits de douane élevés, qui encouragent le monopole et la centralisation des capitaux, mais ne profitent jamais au peuple.

Il faudrait à toutes ces questions beaucoup plus de développement; mais nous sommes heureusement dispensés d'examiner le point de vue scientifique et de réfuter M. le docteur List, comme nous nous l'étions proposé il y a longtemps, depuis que M. Cherbulliez de Genève en a pris le soin dans deux articles insérés aux numéros 69 et 70 *de la Bibliothèque universelle de Genève*[1]. Sous un point de vue de politique générale, nous y reviendrons peut-être; pour le moment, nous devons considérer ce que pourront faire les Allemands pour s'approcher de leur grand but, tout en supposant qu'ils ne se laissent pas en-

---

(1) Cette publication périodique se vend à Paris, chez Anselin, rue Dauphine, n° 36.

traîner dans de faux pas. Pour cela, il faut examiner le caractère général du peuple.

En 1835, un homme célèbre a prononcé sur la civilisation allemande, son opinion que nous croyons devoir rendre tout entière :

« Il n'y a personne qui ne sache quelle a été, depuis cinquante ans, l'activité de l'esprit en Allemagne. Dans tous les genres, en philosophie, en histoire, en littérature, en poésie, il s'est avancé très loin. On peut dire qu'il n'a pas toujours suivi les meilleures voies ; on peut contester une partie des résultats auxquels il est arrivé ; mais quant à l'energie, à l'étendue du développement même, il est impossible de le contester. A coup sûr, sur l'état social, la condition publique n'a point marché du même pied. Sans doute, là aussi, il y a eu progrès, amélioration ; mais nulle comparaison n'est possible entre les deux faits. Aussi le caractère particulier de toutes les œuvres de l'esprit en Allemagne, de la poésie, de la philosophie, de l'histoire, est-il le défaut de connaissance du monde extérieur, l'absence du sentiment de la réalité. On reconnaît, en les lisant, que la vie, les faits n'ont exercé sur ces hommes que bien peu d'influence, n'ont point préoccupé leur imagination. Ils ont vécu retirés en eux-mêmes avec leurs idées, tour à tour enthousiastes ou logiciens. De même que le génie pratiqué éclate partout en Angleterre, de même la pure activité intellectuelle est le trait dominant de la civilisation allemande [1]. »

____

(1) *Cours d'Histoire moderne*, par M. Guizot. Bruxelles, Louis Hauman et comp., tome I, page 17.

9

Que le défaut de la civilisation allemande se trouve dans la condition publique aujourd'hui comme il y a huit ou neuf ans, personne ne pourra le nier. S'il y a eu amélioration partielle, ce sur quoi nous ne nous prononcerons pas, certes il y a eu aussi un mouvement rétrograde d'autre part, par exemple dans le Hanovre, dans le duché de Nassau et dans plusieurs autres États, comme on en peut voir les détails dans l'article cité de la *Revue des Deux-Mondes.*

Personne de nos jours n'en accusera la capacité de l'esprit allemand, qui vient de donner une preuve de son véritable caractère par les progrès immenses et rapides faits dans l'industrie depuis que l'association de douane en a ouvert le chemin ; et M. Guizot, en parlant de l'esprit peu pratique des Allemands, n'a certainement pas voulu le déprécier. Plus bas, dans le même ouvrage, il a dit : « Jamais la nature humaine n'a manqué à ce que les circonstances ont exigé d'elle. » Vérité charmante, dont l'application ne peut être bornée à une seule nation. Non, la raison du défaut remarqué ne consiste que dans cette condition publique, qui n'a pas permis aux Allemands d'y faire les améliorations dont leur esprit est vraiment capable, et leur caractère est trop doux, trop patient et trop prudent, pour avoir voulu les faire par force ou mal à propos. La misère du bas peuple n'a peut-être jamais été si grande et leur condition publique jamais si mauvaise, comme chez les Français avant la révolution de 1789. Ils ont généralement plus souffert des étrangers que de leurs supérieurs. Grâce aux lumières du siècle, l'oppression d'un peuple civilisé ne peut plus dépasser certaines limites. C'est ce qui a été prouvé même en Allemagne, et, d'un autre côté, l'expérience a aussi démontré que la liberté civile d'une nation éclairée est plus sûrement reconquise par un rapprochement graduel et ferme que par des assauts violents et précipités; et que, avant tout, il faut bien avoir décidé en théorie ce qu'on veut et ce qui est possible pour se jeter en avant. L'Allemagne ne le sait pas en ce moment, et voilà pourquoi elle hésite. Tous les actes préparatoires semblent être finis. La Confédération et la diète de Francfort, ses principes et ses effets, sont généralement connus et appréciés pour être aussi généralement haïs. Toutes les classes du peuple sont inspirées d'un sentiment de nationalité, quoique sous des formes et des buts différents. La tranquillité, extérieure du moins, est pour quelque temps assurée, et l'inviolabilité du territoire allemand est mieux que jamais posée en principe, sinon en réalité; la tendance vers l'industrie et le commerce, éveillée par l'association, est arrivée à son plus haut degré d'exaltation sans avoir encore entraîné la nation entière dans de fausses voies.

D'un autre côté, elle est entravée par trois causes qui arrêtent sa marche progressive : sa connexion avec l'Autriche, la souveraineté des princes, parmi lesquels plusieurs sont assez respectés, et la différence de culte qui divise l'Allemagne non-seulement en catholique et protestante, mais aussi en luthérienne et réformée.

Parmi ces questions, la première est une de fait, qui ne dépend que du point de départ; la seconde est plus difficile; pourtant il y a en Allemagne un précédent dans la *médiatisation*, dont on parle sous forme et

d'autre, et la troisième ne semble pas avoir la conséquence politique qu'on veut lui donner. Il est vrai
que les deux cultes les plus opposés ont commencé
depuis quelque temps, et particulièrement d'après
l'affaire malencontreuse de Cologne [1], de se mettre en
attitude hostile l'un contre l'autre, et c'est ce qu'on
ne peut éviter de remarquer aussi partout en Belgique, en Allemagne et même en Suisse. Sous le point
de la vraie religion, il est assurément de la plus haute
importance pour l'Europe entière, que quelque chose
se fasse pour épurer les cultes et en même temps rétablir et fortifier le sentiment religieux inné dans
l'homme; mais on doit espérer que cette question
sera considérée désormais comme hors de toute complication avec la politique, et qu'on voudra bien faire
grâce à l'Europe de nouvelles guerres religieuses, lesquelles seraient pourtant presque inévitables si les
gouvernements s'avisaient de prendre une part active
dans ces sortes de différends. Ne vaudrait-il pas mieux,
pour les terminer, qu'on laissât agir la conviction
seule, formée d'après des discussions libres, dans des
conciles, à la manière de nos premiers pères de l'E-
glise, et par l'étude d'une saine philosophie?

Cet espoir, quant à l'Allemagne, nous le conservons
avec d'autant plus de probabilité, qu'on y a eu de part
et d'autre des leçons *admonitoires* assez significatives.
On prétend savoir avec quelque certitude qu'un monarque allemand, il y a quelques années, se crut en
mission de rassembler autour de son trône les mem-

(1) Voir l'article de M. de Cazalès.

bres divers du culte catholique, et que pour ce but,
peut-être un peu politique, il ne crut rien de plus
efficace que de mettre le catholicisme des siècles passés à la hauteur des choses; mais l'expérience dé-
montra que ce moyen était mal choisi. De même,
quant aux mesures violentes contre les évêques
catholiques commencées sous le feu roi de Prusse,
elles n'eurent aucun autre effet que d'amoindrir beaucoup sa grande popularité, même aux yeux des pro-
testants zélés de ses propres Etats. Persister en de
telles voies, avec l'intention de rassembler les esprits,
serait une des plus funestes erreurs, tant en point de
vue politique que religieux; c'est ce qui deviendrait
encore plus clair à quiconque voudra étudier tant le
caractère philosophique des Allemands que l'état actuel de leur philosophie.

Nous tâcherons d'en donner à nos lecteurs quelques idées; mais finissons auparavant notre considération politique.

D'après ce que nous venons de dire déjà, il nous
paraît évident que la question principale, non encore
résolue, c'est celle de l'organisation politique qu'il faut
aux Allemands, et que c'est le doute sur ce point aussi
bien que sur la personne à laquelle il pourra se fier,
qui retient tout le peuple allemand de s'allier. Qu'on
étudie bien tous les faits et tous les détails exposés
par M. de Cazalès dans l'article cité, et qu'on réflé-
chisse après, s'il était possible de concevoir autrement
le mouvement actuel en Allemagne. Comment expli-
quera-t-on sans cela cette espèce d'indifférence avec
laquelle ce peuple éclairé regarde dans les Etats constitutionnels le peu de succès de quelques mesures

qui seraient d'une importance assez vitale si elles pouvaient avoir une influence générale? Qu'importe que les représentants de certains Etats constitutionnels aient été obligés de céder dans des questions partielles, pendant que presque toute l'Allemagne a été privée jusqu'ici de ces droits qui lui furent promis au congrès de Vienne? Pendant que la constitutionnalité n'est pas générale et que la diète de Francfort a le droit d'anéantir ou de contrarier même les actes généraux des souverains en faveur de leurs sujets? De quelle importance est-il encore qu'un prince rétracte ses promesses particulières, sinon quant à l'opinion qui en résulte pour lui-même? En vérité la complication du système fédératif a été telle, et la difficulté de l'employer au bien-être du peuple si grande, pendant une époque à peine écoulée, que personne ne doit se sentir autorisé de blâmer une réserve qu'ont été obligés d'employer certains souverains pour amener les choses matérielles à la même hauteur que les idées. Aussi, tant qu'on a vu par exemple le gouvernement de Prusse s'approcher du but, détruire une à une toutes les barrières, tous les préjugés nuisibles à une fusion générale des affaires commerciales de l'Allemagne, tant qu'on n'a pas eu des raisons suffisantes de soupçonner que cette tendance n'eut d'autre but que le bien public, on a dû concevoir les difficultés qu'il y avait de réaliser la promesse primitive relativement à une constitution. L'œuvre de l'association de douane étant presque accomplie maintenant et seulement par des négociations secrètes ou à la dérobée, il est bien facile de comprendre que, sous un tel système fédéral, il n'aurait jamais pu réussir, si le roi de Prusse avait été obligé d'ébruiter ses plans et de consulter les états-généraux.

Pourtant, comme nous l'avons dit plus haut et comme le prouvent les faits cités par M. de Cazalès, on n'est pas trop porté en Allemagne d'admettre les réflexions que nous venons de faire relativement aux motifs du gouvernement prussien, tant certains de ces faits ont eu d'éclat et ont jeté de doute sur le but que se propose ce gouvernement sous le roi actuel. Nous croyons cependant utile de rappeler dans la mémoire des Allemands en général d'autres faits, qui dénoncent, selon nous, assez clairement la marche continuelle du gouvernement absolu vers un point où cet absolutisme doit avoir une fin.

Déjà en 1807 le vasselage héréditaire fut supprimé dans tous les Etats prussiens, ce qui sans doute ne se fit pas, par rapport aux anciennes provinces polonaises, qu'avec bien de la résistance du côté du gouvernement russe. L'égalité parmi toutes les classes de citoyens fut ainsi établie. L'année suivante, les habitants des villes furent aussi émancipés par la suppression des vieilles corporations. Chaque habitant des villes et des environs eut à prendre part à l'élection des magistrats. En proclamant de plus que toute justice ainsi que tout pouvoir émanait du roi, il fut possible d'abolir toutes les juridictions féodales et aristocratiques aussi bien que tous les droits patrimoniaux. L'éducation publique obtint une attention particulière et fut appliquée d'une manière ingénieuse au service militaire étendu à tous les citoyens. Les nobles furent obligés de payer des taxes selon les mêmes principes que le peuple, et la propriété de l'Eglise fut

sécularisée et employée aux paiements des dettes publiques. Toutes les corporations et unions privilégiées
furent dissoutes. Et c'était pendant tous ces actes préparatoires que la promesse d'une constitution avait
été donnée, au milieu des difficultés qui furent constamment opposées, au désir sincère et bienveillant
du feu roi et aux conseils salutaires de ses ministres,
Stein et Hardenberg, difficultés qui, comme on le prétend, dérivaient même de la part de Napoléon, alors
tout-puissant. Sont venus ensuite les événements de
1812 à 1815, et quoique la promesse relative à la constitution fut renouvelée formellement à cette époque,
et même une commission nommée pour s'en occuper,
il est aisé de concevoir comment les difficultés s'aug-
mentèrent pour l'accomplissement, à mesure que le
roi vieillissait, tant par l'addition au territoire prussien
de plusieurs contrées au bord du Rhin, que par l'influence beaucoup plus grande de la Russie et de l'Autriche à cette époque. De plus, certaines idées com-
mençaient alors à se répandre, sur quelques mesures
nécessaires à prendre quant au système douanier de
l'Allemagne. Au congrès de Vienne, on avait déjà entendu des réclamations de tous côtés par rapport à
l'industrie du pays. On insista par exemple sur une
protection efficace par des douanes contre les marchandises de l'Angleterre. Il est presque évident,
comme nous le disions d'abord, qu'avant que cette
grande question fût réglée, et dont l'idée primitive
fut donnée, en 1819, par M. C. F. Nebenius [1], ancien

____

(1) Le mérite d'avoir le premier donné l'idée de cette association
a été réclamé par plusieurs, et il est ainsi possible que nous nous

ministre du grand-duc de Bade, l'établissement des assemblées nationales en Prusse, divisées comme elles l'étaient en plusieurs sections, aurait augmenté les obstacles qui existaient déjà en si grande quantité.

Sur tous ces faits incontestables et pendant que l'extension de l'association de douane se développe toujours, il nous paraît injuste de reprocher au gouvernement de la Prusse d'avoir jusqu'ici différé l'accomplissement de sa promesse. S'il est vrai, comme on en parle secrètement, que le roi actuel a un jeu double à jouer contre les influences russes et autrichiennes, contre un parti assez fort en Prusse, contre des capitalistes des villes qui ont su s'approprier les rentes de presque tous les biens-fonds considérables, et que, nonobstant tous ces nouveaux sujets d'hésitation, il y a toujours un progrès visible, on en pourrait donc conclure que l'intention se trouve toujours d'introduire le système constitutionnel; et à l'appui de cette supposition on verra peut-être bientôt paraître des ordonnances pour amoindrir la sévérité des censeurs sur la presse et pour concilier les esprits de toute part. Il y a donc des raisons à ne rien précipiter.

Un jugement impartial pourrait être conçu à peu près dans ces termes :

Que pendant toute cette époque, qui doit être considérée presque comme un état de minorité dans lequel s'est placé le peuple allemand quand il a souffert

___

trompons dans l'assertion qui vient d'être faite; mais du moins il est certain que les principes d'après lesquels l'idée fut réalisée ont été posés par M. Nebenius dans son mémoire lithographié en 1819.

l'établissement de cette forme politique que lui a présentée le congrès de Vienne, le gouvernement prussien a agi comme un parent bienveillant, un peu absolu à la vérité, mais, à peu d'exceptions près, toujours équitable et ayant à cœur l'intérét de son pupille. Or ce pupille a grandi beaucoup dans ce dernier temps, et il commence à s'en apercevoir lui-même. En grandissant il a examiné attentivement toutes les opérations et tous les procédés du tuteur, en pesant surtout bien les motifs. Quant aux autres préposés qui ont bien voulu diriger ses petites affaires, pendant sa minorité, et il n'y a pas de doute qu'un chacun ait ses actions placées à juste titre dans le compte qui sera rendu un jour, quoique généreux et modéré au dernier point, cependant le pupille a pris acte des manières qu'on a employées à son égard. Que l'arrangement final soit de nature à le disposer à l'oubli du passé !

On pourrait bien continuer cette allégorie encore très loin sans s'écarter de la simple vérité; mais nous ajouterons seulement, pour excuser le pupille de sa prétendue inactivité, qu'il n'a jamais cessé de bien cultiver son esprit pendant tout le temps que tout autre domaine lui a été défendu. Quand la bouche lui a été fermée, il s'est consolé avec le proverbe assez significatif : *gedanken sind zollfrey*, c'est-à-dire aux pensées il n'y a pas de droits de douanes ni d'entraves. Son plan pour l'avenir étant bientôt fixé, comme nous l'espérons, il se déclarera majeur avec modération, dignité et fermeté.

Quant aux éclaircissements sur le développement des notions dominantes en philosophie, nous allons

en parler. D'abord nous confirmons ce qu'ont dit
M. Guizot et M. de Cazalès, que la classe qui s'occupe
d'investigations profondes en politique, en religion
et en toute matière scientifique, y est sans doute beaucoup plus grande qu'ailleurs. Dans aucun pays il ne
se trouve tant d'universités, tant de savants et tant
de jeunes gens qui étudient. L'institution particulière
de ces universités est telle, qu'il y a beaucoup plus
de savants, connus comme auteurs, que de profes-
seurs, parce qu'à l'ordinaire on ne s'élève point à la
place de professeur sans se faire connaître en qualité
de *docteur enseignant*[1] par des ouvrages. Le nombre
des étudiants qui assistent aux leçons, ainsi que les
revenus de ceux qui enseignent, dépendent en grande
partie de la renommée que ceux-ci se sont faite, et
de l'accueil favorable que trouvent leurs leçons parmi
les étudiants. La classe qui se voue aux lettres est
ainsi, généralement parlant, portée, et par son ambition et par son intérêt, à chercher en tout la vérité,
qui à la longue obtient toujours le prix, quand, au
contraire, dans d'autres pays que nous connaissons,
l'avancement à la chaire de professeur, aussi bien que
le salaire reçu, sont des dons du gouvernement, sans
concurrence du public. Aussi, chez quelques gouvernements allemands, et par suite d'un esprit réac-
tionnaire qui plane d'un œil avide sur tout ce qu'il y
a de libéral, on vient d'observer qu'on a voulu se
défaire des docteurs privés (*privat docenten*) dès qu'on
s'est aperçu de l'effet de cette institution. Néanmoins
les savants et la science exercent toujours une in-

(1) *Privat docenten.*

fluence d'autant plus grande et universelle, que non-
seulement les hommes, même parmi les classes inférieures, mais aussi les femmes, s'occupent plus de
la lecture qu'ailleurs, ce qui est assez à remarquer comme ayant une grande influence sur la civilisation allemande. En même temps il faut avouer
que la littérature allemande n'a jamais été signalée
par des frivolités. Les savants, auquel le peuple accorde généralement sa confiance, non-seulement on
les voit assez souvent nommés députés et même pré-
sidents de Chambres, mais encore, ce qui paraît prouver qu'ils jouissent en même temps de la considération des souverains, ils sont parfois appelés au ministère ; ils sont presque toujours décorés, ou portent des titres de conseillers privés ou de cour[1], etc.
D'un autre côté, il est vrai qu'à mesure que ces cajo-
leries d'en haut se multiplient, la confiance du public se perd ; car une fois que par leur conduite, dans
la vie et dans la science, les savants ne se sont plus
montrés dignes de la même confiance, d'après le jugement de la grande majorité des hommes de bien ,
jugement qui est presque toujours préparé ou con-
firmé par les feuilles critiques ou revues littéraires
dont l'Allemagne abonde, les grands'croix ne peuvent plus soutenir un caractère perdu. La nation entière est déjà parvenue à un tel degré de lumières,
qu'elle n'est pas facilement entraînée par des phrases
ou par des déclamations. Les idées fausses ou nuisibles ne tiennent pas longtemps contre l'esprit universellement éclairé. Et quant aux actes de rigueur

(1) Geheime Rath, Hof Rath.

on d'injustice qu'on exerce quelquefois envers les savants distingués, loin d'être des moyens propres à détourner les esprits de leurs croyances, ils les y confirment davantage. Du reste, et comme un résultat naturel de cet heureux état d'enseignement public en Allemagne, les habitants fondent en général leur croyance plus sur la raison que sur l'imagination [1]. A tout cela on peut ajouter que les Allemands sont heureusement échappés à un autre défaut, qui, selon M. Guizot, s'attache aux Italiens [2] : « Il leur manque la foi, dit-il, la foi dans la vérité. » Certes, les Allemands ont cette foi ; mais, pour la bien conserver, ils marchent avec prudence vers la vérité. Il s'agit plutôt pour eux de savoir si, lors du moment de la réalisation de leurs vœux, ceux auxquels ils s'adresseront agiront de bonne foi !

Ayant dit autant des savants Allemands et de la tendance philosophique du peuple, il faut bien aussi tâcher de donner un aperçu des croyances qui, en ces matières, ont quelque apparence de prévaloir chez ce peuple, aussi persévérant dans ses recherches de la vérité et aussi inébranlable dans sa conviction, si elle n'est pas changée par une opinion plus correcte.

Qu'un grand nombre de systèmes philosophiques

---

(1) Cependant on peut voir dans l'ouvrage de M. Ahrens sur le *Droit naturel*, page 454, qu'il a cru « les universités d'Allemagne déjà viciées par les gouvernements au point de n'être plus que des pures machines politiques, attachées dans leurs parties principales au rouage du gouvernement. » M. Ahrens est lui-même né Allemand, et il doit être bien informé. Donc, s'il en est ainsi, que les Allemands se tiennent pour avertis !

(2) *Cours d'Histoire*, page 34.

soient déjà tombés, cela ne prouve rien contre cette tendance de la nation. Quelqu'un qui s'est un peu familiarisé avec l'histoire de la philosophie, a dû observer, qu'en toutes les doctrines qui se sont attiré l'attention publique, il y a eu toujours quelque chose de vrai, quoique dans le développement qui s'ensuivit, l'auteur de la doctrine, ou ses disciples, se sont parfois arrêtés à mi-chemin, sans déduire les conséquences de la vérité trouvée, à tous les besoins de l'humanité, ou bien s'étant trompés eux-mêmes dans une seule déduction de leurs principes, ils ont donné à leur philosophie une fausse direction qui a arrêté sa marche et empêché de trouver aucune application. Surtout c'est faute de méthode bien établie que les philosophes ont été forcés de recommencer tant de fois leurs investigations. Tantôt ils ont cru pouvoir déduire, d'une manière synthétique, des éclaircissements satisfaisants sur l'existence et les relations entre les objets qui attirent le plus l'attention de l'homme pensant, savoir : sur Dieu, sur la création en général et sur l'homme lui-même dans tous ses rapports, d'un seul principe métaphysique, et dès lors ils se sont plongés dans un idéalisme vague dont le développement s'évaporait souvent dans le néant ou dans des cercles vicieux. Tantôt, rejetant toute synthèse, ils recommencent par une analyse, mais se trompant au point de départ, ou, s'ils ont enfin découvert que ce n'est que dans l'esprit même de l'homme que toute science philosophique peut trouver sa source, ils quittent trop tôt leurs recherches analytiques pour s'élever dans les régions métaphysiques, comme le fit Descartes, ou ils contestent même à l'esprit de s'élever dans les sphères transcendantes, comme le fit le célèbre Kant, après.avoir etabli de nouveau le droit de la raison. Le moment est pourtant venu ensuite où, après une recherche toute nouvelle en psychologie, l'analyse tendra et aboutira à la synthèse, qui, à son tour, s'appuiera sur l'analyse complétée, afin que toutes deux forment chacune la base solide de la philosophie.

Fichte en avait déjà établi le fondement sur la psychologie; il cherchait à pénétrer dans la science du *moi*, et y crut avoir trouvé la source unique de l'activité et la manifestation de son essence même. Cependant ce système restait trop exclusif pour répondre à toutes les questions auxquelles la philosophie a toujours cherché à donner une solution. Il lui fut impossible d'expliquer par cet idéalisme la nature et le monde extérieur, encore moins l'origine et la base du droit. Schelling l'entreprit le premier, en s'élevant plus haut et en tâchant d'embrasser à la fois le réel et l'idéal, et l'esprit et la nature, en réunissant tout dans l'être absolu de Dieu. Mais en posant cette doctrine, et en relevant l'étude sur l'origine de la nature, depuis longtemps négligée à cause de l'abaissement dans lequel elle avait été tenue par les systèmes des matérialistes aussi bien que par l'idéalisme pur, il s'occupa peu de l'esprit, qui ne fut pas rendu assez distinct de la nature. La psychologie s'effaçait ainsi peu à peu dans la physiologie générale, et sa doctrine métaphysique de psychologie du sens universel amenait à sa suite celle du somnambulisme, du magnétisme dit animal et de la clairvoyance. Hegel alors tenta de remédier à cette philosophie trop poétique, et recommença l'étude de l'esprit dans ses phénomè-nes. Il se proposa de déterminer les différents degrés du développement de l'esprit sous le rapport de la pensée, pour préparer ainsi l'intelligence à s'élever successivement au savoir absolu de Dieu, comme principe de toute science. Mais étant arrivé, par une déduction mal conçue, en développant sa phénoménologie, à avancer que la nature aboutit à l'esprit comme à sa conclusion, il ouvrit un large champ à l'imagination après l'avoir fermé à l'intelligence. Concevoir comment la nature pourrait se développer au point de devenir esprit, était impossible sans adopter des hypothèses matérialistes; mais pour y échapper, Hegel divisa l'esprit selon les trois ordres successifs qu'il aurait à parcourir, et prétendit que l'esprit se manifestait d'abord comme *subjectif,* ensuite comme *objectif* et enfin comme *absolu,* termes correspondants à ceux d'esprit naturel, de conscience et en dernier lieu d'esprit libre qui se détermine par lui-même. En d'autres termes encore : les rêves, le magnétisme démontrent l'esprit subjectif; les différentes sphères de l'existence sociale depuis la propriété jusqu'à l'état et à l'histoire du monde sont comprises par l'esprit objectif; et l'esprit absolu enfin se manifeste dans la religion, l'art et la philosophie. Le but de tout développement était atteint quand le savoir absolu avait été obtenu par la philosophie.

Voilà donc cette doctrine absolue et tout-à-fait arbitraire, enseignée dans la chaire de philosophie à Berlin, qui veut être considérée comme la première de l'Allemagne. Cette doctrine transporta toute science et toute vie dans l'histoire. Si vous lui demandez une

science de l'esprit ou de l'homme, il vous fera le tableau de son développement ; si vous cherchez une
doctrine morale ou une doctrine de l'art, de la religion, il vous donnera une explication de différents
principes ou de dogmes qui ont été adoptés en ces
matières ; rien de plus élevé au-delà : l'avenir n'aurait
donc aucune autre mission philosophique que de
comprendre le passé.

La politique et la théocratie s'emparèrent avec avidité de cette doctrine si favorable à l'absolutisme. La
philosophie *n'expliqua* plus rien pour être compris de
la raison ; dans sa prétendue position absolue, elle
décréta en déduisant ses arrêts des faits historiques.
Cet essor donné, on commença à fouiller le passé
dans tous les débris où il était enseveli. Après avoir
tiré toutes les anciennes coutumes, les anciennes
idées et même les anciens meubles de l'oubli et de
la poussière dont ils étaient couverts par le temps, d'abord pour les examiner, il n'y avait ensuite plus qu'un
pas à faire pour leur donner une valeur intrinsèque
beaucoup au-dessus de ce qui était produit à présent.
Enfin le mouvement rétrograde fut érigé en principe
philosophique, appliqué avec une arrogance dogmatique à tous les objets de la vie humaine ; il exigeait
une foi implicite, à laquelle l'imagination et tout ce qui
peut l'exalter prêta son aide aux dépens de la raison [1].

____

(1) M. Ahrens, *Cours de Droit naturel* ou *Philosophie du
Droit*, pag. 454, ajoute ce qui suit : « La scolastique qui, dans le
moyen-âge résultait de la soumission de la philosophie à la théologie
et à l'autorité ecclésiastique, tend à se reproduire aujourd'hui comme
scolastique politique par l'enchaînement de toutes les sciences spécu-

Néanmoins cette doctrine, en tant qu'elle fut adaptée aux vues religieuses, a usurpé le nom de *rationalisme*, et par cette fausse appellation, bien des gens sont aujourd'hui portés à déconsidérer la raison en matière de religion.

latives, morales et politiques, dans lesquelles la liberté d'espritest le plus nécessaire au système politique des gouvernements. Cette analogie est devenu frappante en Prusse par le système philosophique de Hegel. Nous sommes loin d'accuser Hegel d'avoir accommodé son système aux exigences politiques. C'est le gouvernement de Berlin qui a cru trouver dans le système de Hegel une doctrine plus en harmonie avec ses vues politiques, et qui a fait tous ses efforts pour le répandre par les moyens extérieurs, en l'imposant aux colléges, aux gymnases, et en favorisant ostensiblement ses partisans. La philosophie de Hegel est devenue ainsi, par le fait, la philosophie d'état de Prusse. Les disciples se plaisent souvent à comparer leur maître à Aristote; pour que la comparaison fût plus exacte, il faudrait au moins le mettre en parallèle avec Aristote tel que le moyen-âge le connaissait, avec l'Aristote exploité au profit des doctrines ecclésiastiques. Mais il y a déjà bien des signes qui portent à croire que le pouvoir politique se sera trompé sur le prétendu Aristote moderne, comme l'autorité ecclésiastique s'était, au fond, fait illusion sur les services réels qu'Aristote pouvait lui rendre. La philosophie de Hegel était une doctrine trop rigoureuse pour ne pas fortifier l'esprit et répandre partout, à un plus haut degré, l'activité intellectuelle avec la liberté, qui se laisse rarement bannir des hauteurs de la spéculation. Plus qu'aucune autre philosophie, elle a contribué à la transformation philosophique du christianisme. Le célèbre ouvrage du docteur Strauss, *La vie de Jésus-Christ*, qui sort de l'école, quoique quelques chefs le renient aujourd'hui, justifie les prévisions que plusieurs écrivains avaient manifestées longtemps auparavant sur le véritable esprit du système par rapport à la religion et au christianisme. »

Hegel est mort à présent, et Schelling vient d'être appelé à la chaire de philosophie de Berlin. On est attentif en Allemagne quel en sera le résultat.

En traçant ainsi brièvement l'histoire de la philosophie en Allemagne, nous nous sommes bien aperçus, non-seulement de la difficulté d'en donner une idée assez claire à tous ceux auxquels cette étude n'est pas déjà familière; mais aussi de l'objection à laquelle nous nous exposons de la part des *politiciens* en général, qui n'admettent point peut-être assez de compétence à la philosophie en matière de politique, et qui se trouvent choqués d'en voir des détails dans une brochure de cette nature. Mais convaincus comme nous le sommes, avec miss Martineau, que de nos jours « la politique est la morale[1], » et que c'est faute de philosophie que la politique ne se laisse pas diriger par la morale ou plutôt par son expression positive, le droit naturel, nous avons cru à propos de faire entrevoir par ce récit abrégé comment, à côté de l'état politique en Allemagne, les doctrines philosophiques, erronées ou justes, ont pris et prennent toujours, même sans que nous nous en apercevions, un ascendant dominateur sur l'esprit et sur la direction générale du siècle. Il importe donc d'en avoir une idée correcte et juste! Qu'on ne s'imagine plus que l'homme de notre siècle se laissera conduire sans raisonner. Il lui est impossible de se soustraire aux recherches qu'il est poussé à faire malgré lui, sur lui-même d'abord, ensuite sur ses rapports avec le monde, et enfin sur la source commune de tout. Il veut comparer ce qu'on lui en a appris comme matière de foi, avec les explications données; et si l'ex-

---

(1) *Politics are morals.* Society in America by miss Martineau.

plication ne lui paraît pas claire ou juste, ses doutes le poussent plus loin. Malheureux dans cette situation d'incertitude, il est facile à entraîner tantôt à une extrémité, tantôt à une autre. C'est une affaire de tempérament chez quelques-uns, si ces doutes portent à des excès, à un dégoût périodique pour toute recherche, ou à la résolution de commencer l'investigation avec plus d'exactitude. C'est dans cette dernière résolution que les Allemands n'ont jamais failli. Le *Sapere audax* des anciens paraît être leur devise favorite, et par là, la philosophie est encore une fois relevée comme *science progressive* par les efforts de *Karl Chr. Fr. Krause.* Déjà, en 1828, il commença à développer ses idées, comme *Privat docenten,* à l'université de Gottingue; puis fut appelé à la chaire philosophique à Berlin, où il était près de monter quand il en fut rejeté par une intrigue des francs-maçons qu'il avait irrités. La persécution semble l'avoir suivi depuis jusqu'à sa mort; mais il profita de son isolement pour porter son génie universel sur presque tous les objets de connaissance humaine. En Allemagne, la préoccupation de la philosophie de Hegel et l'esprit absolu de cette doctrine, soutenu par des gens en place, fermèrent pour un instant l'entrée à la doctrine de Krause; mais son disciple, M. H. Ahrens, actuellement professeur à Bruxelles, l'a exposée en français dans des ouvrages élaborés[1], auxquels nous avons déjà renvoyé le lecteur, qui certainement ne

---

(1) *Cours de philosophie,* 2ᵉ vol. Paris, 1836 et 1838, Brockhaus et Avenarius, suivie d'un *Cours de droit naturel,* ou *Philosophie de droit.* Paris, 1840.

sont pas assez connus, ou qui peut-être sont rejetés sans avoir été lus, par une prévention quelconque. En Allemagne, depuis la mort de Hegel, la doctrine de Krause est ressuscitée, et, à en juger d'après ses nombreux sectateurs, les éloges qu'on en fait d'un côté dans les revues indépendantes, et le peu de résistance qui s'est montrée de l'autre dans les critiques qu'on a dirigées contre elle, il y a toute apparence qu'elle prendra le dessus, et comme cette philosophie ne laisse rien à désirer et rend une raison complète de tout ce qu'on veut avoir résolu, elle se répandra probablement et saura prendre sur les esprits un ascendant durable.

En voici les éléments ou la synthèse philosophique, que nous avons tirés, ainsi que l'aperçu historique qui précède, principalement des ouvrages de M. Ahrens et d'un résumé que nous supposons avoir été fait sous ses yeux :

I. — *Etre, attributs et essence de Dieu.*

1. Il existe un Dieu, raison première et dernière de tous les êtres.

2. Dieu est infini. Il est au-dessus du temps, forme de changements des êtres finis ; il est au-dessus de l'espace, forme de la permanence de la matière.

3. Dieu est absolu, il est la raison de tout ce qui existe, et seul il n'a pas de raison supérieure.

4. Dieu étant infini, renferme dans son sein le monde physique, la nature et le monde intellectuel, l'esprit.

5. Dieu est un et triple à la fois. Il est esprit, il est l'être

synthétique qui contient en unité et en harmonie l'esprit et la nature ; il est la raison de leur unité éternelle.

6. Dieu dans son unité supérieure existe pour lui, et il est personnalité infinie ; distinct de l'esprit et de la nature, il est plus qu'eux, il est au-dessus d'eux, et il jouit par cette supériorité du mode d'existence aussi distinct que l'esprit et la nature.

7. Si Dieu n'était que nature, l'esprit serait en dehors de Dieu ; il y aurait deux Dieux. Si Dieu n'était que l'esprit, la nature serait en dehors de Dieu ; il y aurait deux Dieux. Dieu embrasse donc à la fois l'esprit et la nature ; il est plus encore, il est l'Etre-Suprême.

8. Dieu est Dieu, il est éternellement divin, il ne saurait cesser d'être Dieu.

9. La nature est infinie. Elle crée tout en même temps avec un merveilleux ensemble, avec un enchaînement nécessaire de la partie au tout et du tout à la partie. En d'autres termes : la nature a pour premier attribut la totalité.

10. L'esprit est absolu. Agissant avec spontanéité, toute sa vie porte l'empreinte du mouvement libre. A cause de sa spontanéité, l'esprit distingue, divise, juge et raisonne en combinant ; il s'élance dans toutes les régions du monde intellectuel, et la conception de l'ensemble, du tout, n'est pas un effet nécessaire de ce mode d'agir, mais un résultat de sa liberté. L'esprit a donc pour premier attribut la spontanéité.

11. Dieu étant indéfini et absolu, Dieu renfermant l'esprit et la nature, a donc nécessairement pour premiers attributs la totalité et la spontanéité.

12. Dieu seul est infinement absolu, est absolument infini. La nature n'est pas absolument infinie, car elle ne contient pas l'esprit. L'esprit n'est pas infinement absolu, car il n'est pas la raison de la nature.

13. L'esprit et la nature sont d'une égale dignité, car ni l'esprit ne procède pas de la nature, ni la nature ne procède de l'esprit.

14. La personnalité divine est parfaite et immuable, mais Dieu se manifeste dans l'esprit et la nature.

15. Dieu est tout-puissant. La toute-puissance d'un être consiste à posséder au plus haut degré tous les moyens de réaliser son essence.

16. L'essence de Dieu est triple comme son être.

L'essence de Dieu comme personnalité est l'unité, l'identité, l'harmonie supérieures de tout ce qui est. L'essence de Dieu comme nature est l'essence de la nature, les procédés physiques. L'essence de Dieu comme esprit est l'essence de l'esprit, la pensée, l'intelligence infinie, amour infini. Toutefois, l'intelligence absolue de Dieu, l'omni-science de la Providence doivent encore être distinguées des attributs qui appartiennent à l'esprit.

17. Dieu ne saurait vouloir le mal, commettre l'erreur, briser l'unité et l'harmonie, car il sortirait de son essence, il cesserait d'être Dieu.

18. Dieu n'a pas de forme sensible, car l'infini ne saurait avoir de bornes. Il n'a pas de corps, il n'a pas de figure, il est Dieu.

19. Dans le culte les attributs divins peuvent être représentés symboliquement, comme la pensée se formule dans le langage.

II. — *Rapport de Dieu avec la création.*

20. Dieu, renfermant l'esprit et la nature, est en rapport avec tous les êtres du monde physique et du monde intellectuel.

21. Dieu a créé l'univers dans l'infinité du temps, car l'univers est éternellement compris dans l'essence divine.

22. Tous les êtres participent de l'essence divine, suivant le degré dans lequel ils jouissent des attributs de la nature et de l'esprit, de la totalité et de la spontanéité.

23. Il y a dans la création une échelle ascendante d'êtres, au sommet de laquelle se trouve l'éternité.

24. Les animaux sont **incomplets et exclusifs**; ils représentent un système prédominant des systèmes **qui** se trouvent réunis harmoniquement dans la nature humaine.

25. L'humanité est, dans l'univers, l'union la plus complète de l'esprit et de la nature avec la Divinité comme être suprême.

26. L'homme est fait à l'image de Dieu, il est l'être synthétique du monde fini et conditionnel, comme Dieu est aussi l'être synthétique du monde infini et absolu.

27. L'homme est un et triple à la fois. La personnalité humaine renferme deux êtres distincts, l'esprit ou l'âme, et le corps.

28. Les deux êtres sont également dignes en esprit et doivent être développés chacun conformément à sa nature.

29. La femme est l'égale et le complément de l'homme.

30. L'homme, être fini, est sujet à l'erreur et au mal, mais étant libre, il peut éviter l'erreur et le mal.

31. Le but de l'homme est le développement complet de sa nature physique, intellectuelle et sociale.

32. Son bien particulier consiste à poursuivre la réalisation de son but.

33. Les moyens qu'il possède pour atteindre son but, sont la liberté et l'association, basées sur l'égalité et la fraternité, telles qu'elles sont développées par la raison.

34. L'homme a des devoirs à remplir envers tous les ordres de l'univers, et d'abord envers Dieu.

35. Le premier devoir religieux de l'homme est de chercher à comprendre l'Etre-Suprême.

36. Et lorsqu'il l'aura compris, il l'adorera, il l'aimera librement, car sa conviction sera profonde et inébranlable.

37. Et il ne sera plus guidé dans ses actions par la contrainte morale, la peur; il sera réellement libre. Il fera le bien avec d'autant plus de jouissance qu'il le fera dans la

seule vue du bien avec une entière abnégation de lui-même.

III. — *Destination de l'homme.*

38. La destination de l'homme se réalise dans cette vie et au-delà de cette vie.

§ I.

39. La destination terrestre de l'homme est la réalisation temporelle des buts de sa nature.

40. Ces buts sont la religion, le droit, la science, les arts, la moralité, l'agriculture, l'industrie et le commerce.

41. Ces buts doivent être poursuivis en commun dans la société. Il y aura donc une association religieuse, politique, scientifique, artistique, morale, agricole, industrielle et commerciale.

42. La société humaine doit être organisée de telle manière, qu'elle représente, en unité harmonique, toutes ces sphères sociales et les maintienne en équilibre.

§ II.

43. L'homme, en rapport éternel avec Dieu, est destiné à se développer à l'infini. Il y aura donc nécessairement une vie future. En douter c'est douter de Dieu.

44. L'homme, individualité synthétique, conservera sa nature synthétique. L'esprit restera uni à une force physique dans les proportions infinement variables.

45. L'esprit poursuivra avec conscience propre son développement commencé dans cette vie; il gardera avec son individualité indestructible tous les éléments dont il l'a enrichie par son activité.

46. L'homme sera donc placé dans des conditions plus ou moins heureuses pour la poursuite de son développement futur, selon le degré de perfection et de développement qu'il a atteint dans cette vie. Le sort de l'homme sera réglé sur l'usage qu'il aura fait de ses facultés intellectuelles et morales.

47. Mais les conditions défavorables dans lesquelles l'homme peut se trouver dans la vie future ne seront que momentanées. La durée de la peine dépendra de l'amendement. Des châtiments éternels sont inconciliables avec la justice divine.

48. L'homme ne pourra jamais réaliser toute le plénitude de son essence divine; son développement se poursuivra dans l'infinité du temps.

49. Et comme d'autre part le rapprochement infini vers un but donné suppose un terme, il y aura pour l'homme une infinité de périodes déterminées, dans chacune desquelles il se développera d'une manière particulière.

50. Et l'homme, se développant sans cesse, sera de plus en plus pénétré de l'essence divine, mais sans jamais combler l'abîme qui le sépare de l'infinité et de la perfection de Dieu.

Or, dans une telle doctrine rationaliste, si l'on veut, parce qu'elle est rationnelle et tirée de la raison, toutes les croyances chrétiennes devraient, à ce qu'il nous semble, trouver les points essentiels et satisfaisants, non-seulement à leurs dogmes souvent jusqu'ici révoqués en doute comme apparemment rebutants pour la raison, mais encore à leurs sentiments religieux et à leur foi dans l'histoire sainte. La différence du culte dans lequel un chacun formule d'une manière symbolique les attributs divins, selon les mots qui lui semblent le mieux exprimer sa pensée, selon son imagination plus ou moins vive et selon la poésie du langage auquel il est habitué depuis son enfance, ne devrait pas séparer en des corps hostiles tous ceux qui s'attribuent le nom commun de chrétien puisqu'ils reconnaissent dans la doctrine du Christ un miracle de Dieu ou de cette Providence toujours présente qui offre à tout moment à l'humanité l'assistance dont celle-ci ne peut se passer, mais qui jamais ne dépasse cette limite créée par le vrai besoin, afin de ne pas empiéter sur la spontanéité et la liberté morale dont l'esprit humain a été doué.

Cette séparation n'aurait plus lieu peut-être malgré toute la diversité ou les nuances d'opinion qui, en matière religieuse comme en toute autre, sont une conséquence naturelle de l'individualité, si les institutions pour le culte, que personne de nos jours ne niera être de fabrique humaine; subissaient une réforme, telle du moins que les institutions ecclésiastiques n'eussent plus ce pouvoir politique dont elles ont toujours abusé sans distinction de secte, au lieu que les sectes, qui n'ont point été incorporées dans le matériel de ce monde, vivent assez paisiblement ensemble, respectant la croyance des autres, comme elles espèrent être respectées elles-mêmes. Or, il est évident que c'est ce même matériel, cette considération toute mondaine qui a empêché un rapprochement entre le catholicisme de nos jours et les croyances réformées. Le premier n'a-t-il pas cessé depuis longtemps de persister à prêcher, comme article de foi, les miracles des saints et toute cette légende, qui furent autrefois des dogmes aussi sacrés que la transsubstantiation ? N'y a-t-il pas sur le même principe encore des choses à écarter ? Nous l'espérons, tout en souhaitant que partout où le sentiment religieux n'est pas ou fanatique ou un prétexte immoral, il prenne garde à l'indifférentisme qui entoure bientôt toutes les populations où la religion ne s'épure pas, et qu'il considère aussi l'état malheureux de ces peuplades qui sont plongées dans l'abrutissement moral, intellectuel et industriel, parce que le développement de leur raison n'est pas permis par cette doctrine qu'elles appellent religion. Au lieu de l'état d'intolérance religieuse, de machinations secrètes et d'animosité ouverte qui déparent encore les nations civilisées plus qu'elles ne le pensent, quelle heureuse perspective s'ouvrirait pour l'avenir! Non-seulement le bonheur mutuel des chrétiens serait consolidé, mais encore leur force morale collective à convertir les païens recevrait un accroissement immense si tous les chrétiens se réunissaient autour d'une même religion philosophique, commune à tout homme éclairé, parce qu'elle est tirée de la raison que chacun doit sentir le besoin de cultiver avant qu'il puisse être certain s'il y a de la religion ou de la superstition dans la croyance qu'on lui propose ordinairement.

Il ne nous serait pas permis peut-être de donner plus de développement aux idées qui nous ont été suggérées par l'étude de la situation actuelle des affaires religieuses en Allemagne, en Belgique et en Suisse, et aussi par la découverte d'une philosophie si satisfaisante et si profondément religieuse que celle de Krause [1]; mais ces dissertations en matière de reli-

____

(1) On ne doit pas confondre le nom de Krause avec celui de Strauss. Le livre de ce dernier, que nous n'avons pas lu pourtant, ne

gion étant devenues un sujet de graves différends, non - seulement en Allemagne, mais dans tout le monde, nous n'avons pas pu l'éviter ; toutefois, quant à la manière convenable de terminer ces différends, nous y avons touché seulement parce que nous espérons bientôt voir sortir du sein des églises chrétiennes en Allemagne un projet là-dessus, tel qu'on peut l'attendre de l'esprit aussi doux et calme qu'éclairé et zélé du clergé allemand, qui à ces mérites joint celui qu'on ne trouve pas partout ailleurs, d'une affabilité toujours prête à entrer en discussion sur ces matières.

Le domaine du droit naturel a dû aussi, par la philosophie de Krause, être soumis à une culture toute nouvelle. Toutes les questions qui s'y rapportent se trouvent exposées d'une manière très claire dans le cours de M. Ahrens, auquel il donne le nom de *philosophie du droit*. Sans en donner des extraits suffisants pour qu'on puisse se passer de lire cet ouvrage, nous tâcherons d'en donner une idée en citant quelques mots çà et là.

Le droit étant défini : « L'ensemble des conditions externes et internes dépendantes de la liberté et nécessaires au développement et à l'accomplissement de la destination rationnelle, individuelle et sociale de l'homme, » se distingue de la morale. Celle-ci s'adresse seulement à la conscience, n'exigeant que bonne volonté, absence de toute contrainte et pureté de motif ; le droit, au contraire, porte un caractère tout extérieur, permet l'emploi de la contrainte, et con-

devrait pas être capable de faire tout le mal qu'on lui suppose, à côté de la philosophie de Krause.

cerne les rapports conditionnels de la vie. La notion de droit est universelle, se rapportant à tous les buts tant physiques qu'intellectuels, en ne les touchant que du côté conditionnel, c'est-à-dire en tant qu'ils dépendent de conditions qui doivent être fournies pour qu'ils puissent exister et se développer.

La liberté de l'homme est une condition nécessaire pour le développement de ses facultés; mais elle ne peut pas seule servir de guide et ne doit pas être confondue avec la volonté. Il y a des hommes chez lesquels la réflexion et la raison sont très peu développées : ces hommes jouissent de très peu de liberté. Elle n'existe complète pour l'homme que quand il agit moralement d'après des motifs désintéressés. La liberté n'étant qu'une faculté, elle doit être appliquée à un objet, à un but. Le but général étant l'accomplissement de la destination, tant sociale qu'individuelle, de l'homme, il en résulte qu'il y a autant d'espèces de libertés qu'il y a de buts particuliers, savoir : une liberté religieuse, une liberté morale, une liberté pour les sciences et l'enseignement, une autre pour les beaux-arts et les arts mécaniques, l'industrie et le commerce, et enfin une liberté juridique et politique. Il appartient à la science du droit de déterminer les conditions de cette liberté.

Ayant de plus démontré que le gouvernement de l'Etat n'a pour objet que l'exercice du droit et de la justice, c'est-à-dire la conservation aux individus de la liberté juridique et politique, l'auteur indique les raisons pour lesquelles l'Etat doit pourtant fournir les condi- . tions extérieures du développement intellectuel, moral et physique des hommes, écarter les obstacles et venir à son aide par des moyens extérieurs tout en se gardant bien d'intervenir dans le mouvement intérieur de ce développement, et moins encore à le diriger.

Or les hommes sont régis intérieurement et par le sentiment et par la raison. Le premier, quoique empreint du caractère général de liberté, est cependant moins libre que l'intelligence, dont il doit subir l'influence, souvent assez longue pour échapper à ses habitudes et pour recevoir une direction conforme aux idées de la raison. Le sentiment étant plutôt une faculté de réception et d'assimilation, qu'une faculté de production et d'invention, les *idées nouvelles* formées par celle-ci doivent être transformées *successivement en habitude.* Le sentiment étant donc naturellement conservateur et la raison réformatrice, l'influence de la dernière sur les mœurs est *sûre* mais *lente,* agissant d'après des lois analogues à celles qui régissent le développement intellectuel de l'homme.

En parlant du mode de réalisation du but social, l'auteur dit, que tout autre système de liberté que celui qu'il vient de décrire présente de graves inconvénients, auxquels il est urgent de chercher un remède. En abandonnant chacun à son intelligence et à ses propres efforts, il a provoqué non-seulement une concurrence circonscrite dans les limites de l'émulation, mais une lutte entre tous les intérêts et toutes les forces des individus, dans laquelle les plus faibles doivent succomber, ou se laisser exploiter par les forces plus puissantes. Encore dans cette lutte, ce ne sont pas les plus forts en intelligence et en moralité qui dominent les autres, ce sont au contraire les passions vicieuses qui, en se faisant jour dans un sys-

tème de liberté illimitée, ont triomphé des facultés
morales plus nobles, à tel point même, qu'elles pourraient faire perdre la confiance dans la nature morale
de l'homme. Il en est de même de la société comme
de l'individu. Une fois que le lien et l'harmonie entre
les facultés se trouvent brisés et que l'individu s'aban-
donne au gré de ses passions, sans les retenir chacune
dans sa juste limite et sans les diriger toutes par la faculté suprême de la raison, les passions inférieures
prennent bientôt le dessus sur les dispositions géné-
reuses, et par là, l'homme s'abrutit, au lieu de devenir
plus moral par un emploi plus rationnel de sa liberté.
L'absence de lien et de coordination entre les forces
sociales doit donc produire un désordre analogue,
dans lequel l'individualisme, avec toutes ses conséquences, l'emporte sur les intérêts généraux de
l'homme et de la société. Il en est résulté que les
meilleures idées, que les formes les plus utiles conçues
par l'intelligence, n'ont pas pu trouver d'application
dans un milieu social, vicié dans ses éléments fonda-
mentaux. Les hommes assez généreux pour résister
au découragement qui a envahi un grand nombre
d'esprits bien intentionnés, mais faibles, ont continué
à faire entendre la voix des réformes ; et secondés par
les nécessités de la vie, par les besoins d'amélioration,
sentis impérieusement dans les différentes institutions
sociales, leurs efforts longs et pénibles ont été de
temps en temps couronnés de succès. Mais l'examen
de la situation actuelle des esprits dans les pays qui,
jusqu'à présent, ont plus ou moins complétement
adopté le système de liberté, doit convaincre les hommes pensants que ce système seul ne peut pas deve-

nir ou rester le principe d'organisation sociale ; qu'il conduirait au contraire, dans son application exclusive et complète à une véritable décomposition de la société. Car que pourrait-on attendre autre chose d'un principe qui, en consacrant l'individualisme, crée une foule de volontés divergentes qui, sans accord, sans direction et sans but commun, doivent finir par se faire mutuellement la guerre? Mais si le mal vient du principe exclusif de liberté individuelle, le remède doit se trouver dans un autre principe qui, sans détruire le premier, établisse plus ou moins une communauté de vues et d'intérêts entre les hommes, et rende ainsi possible une direction et une coordination des efforts de tous. Or ce principe est celui de l'*association*, mode vrai et complet pour réaliser tous les buts importants de la société.

Nous ne finirons jamais ces citations si nous continuons à montrer comment le principe d'association a été développé par M. Ahrens pour être adapté à tous les buts de la vie; comment, en traitant du droit public, il a déterminé le but de l'Etat, donné une notion correcte du pouvoir, en faisant la distinction entre la *puissance sociale* d'un peuple qui se divise en autant de branches que les buts de l'homme, et entre la *puissance politique*, qui en rigueur ne devrait s'occuper que de son but particulier; comment le développement exagéré du pouvoir politique explique la décadence subite de quelques nations, et qu'il manque à cette organisation politique, qu'on appelle centralisation, tout contre-poids des puissances intellectuelles, morales et industrielles. Toutefois, en suivant ce cours d'étude, on trouvera que l'auteur n'a pas d'un seul pas dévié de ses principes, et qu'en établissant le droit comme supérieur aux institutions du passé, ces dernières n'ayant aucun droit à la conservation, si elles ne se justifient pas par les intérêts actuels d'une nation, il reconnaît non-seulement que l'exercice de la souveraineté d'un peuple, à un degré inférieur de culture, est plutôt un obstacle qu'un moyen favorable à son développement ultérieur. « Un pouvoir, dit-il, peut avoir son origine dans des faits qui en eux-mêmes ne peuvent pas être justifiés; mais lorsque le pouvoir est ensuite exercé comme l'intérêt de la nation et le degré de sa culture le comportent, il est légitime, parce qu'il se conforme au principe de la justice. La meilleure forme d'un gouvernement est toujours celle qui, à une époque donnée, satisfait le mieux les intérêts généraux, en plaçant dans les mains de ceux qui peuvent faire triompher, avec le plus d'indépendance et d'intelligence, le principe de justice sur l'ignorance et l'intérêt particulier. »

M. Ahrens ajoute dans une note ce qui suit :

« Une des meilleures appréciations qui aient été faites, dans les temps modernes, des différentes formes de gouvernement, se trouve dans le *Grundzuege der politik des Rechts* (Principe de politique de droit) par le Dr. K. Roeder, vol. I, Darmstadt, 1837, ouvrage dans lequel l'auteur a cherché à fonder la politique sur le principe de justice qui lui sert ensuite de critetium dans tous les jugements qu'il porte sur les diverses formes gouvernementales. M. Roeder a adopté, en principe, la théorie de Krause sur le droit, et en a fait une heureuse application aux matières importantes qu'il a traitées. »

L'ouvrage mentionné de M. Roeder est dans nos mains; mais nous croyons, d'après ce qu'en a dit M. Ahrens, devoir nous borner à une seule observation : c'est que l'opinion que nous avons exprimée[1] sur la préférence du gouvernement monarchique constitutionnel, y a été développée de la manière la plus complète, toutefois, en proposant des garanties dont la nature et la valeur méritent toute considération.

D'après le plan qui fut d'abord arrêté pour cet article sur l'Allemagne, il devrait se terminer ici. Mais, après avoir tracé, bien imparfaitement sans doute, les éléments du corps politique et les ressorts intérieurs qui sont en mouvement chez le peuple, et après avoir cru y trouver une marche rapide vers un terme critique ou décisif, nous ne croyons pas hors de propos de hasarder quelques réflexions sur l'horizon politique extérieur qui entoure ce groupe intéressant, et qui sans doute au moment actuel influera beaucoup et sur l'intensité de la fermentation interne et sur son développement final.

L'Allemagne, émancipée et concentrée en unité politique indépendante de la diplomatie secrète des puissances étrangères, ne trouvera chez les peuples scandinaves que des vœux sincères et des sympathies prêtes à l'assister, s'il en était question, uniquement parce que ces peuples auraient tout lieu de croire que la politique de cette Allemagne renouvelée serait,

(1) Voyez chap. II, page 47.

comme la leur, paisible, philanthropique et tendant vers l'établissement du droit égal pour toutes les nations.

Quant à l'Angleterre, malgré le caractère de sa politique, comme nous l'avons conçue, ses sentiments devraient être de même généralement favorables à l'Allemagne, vu les intérêts immédiats de l'Angleterre et le développement probable de la question de douane sur le blé, si toutefois les questions anglaises ne se terminent pas par une guerre. Les intérêts de famille, quant au Hanovre, devraient, à ce qu'il nous semble, reculer devant des intérêts plus grands, et toutefois la visite du monarque prussien en Angleterre ne peut être considérée que comme un signe marquant du rapprochement de ces deux Etats.

De même le peuple allemand, en action pour se délivrer de ce système gouvernemental, qui lui donne une échelle successive de maîtres souverains, sans savoir presque par lesquels il est gouverné ou auxquels il a à obéir principalement, n'aurait certainement rien à craindre ni des Hollandais ni des Belges ; mais d'un autre côté, c'est-à-dire de la Russie, il peut avoir à craindre des démonstrations hostiles, sinon une invasion. Heureusement il y a, dans la question polonaise, question qui d'ailleurs n'a l'air de vivre que dans la réminiscence, un élément qui paraît offrir à l'Allemagne, dans un intervalle qui pourtant ne durera pas longtemps, une sauvegarde, sinon un auxiliaire. Le cordon triple de douane, dans son principe, nous semble pour le moment être un événement favorable à l'Allemagne.

Nous passerons sous silence les complications qui,

par un tel mouvement que nous avons supposé, auront lieu dans la politique de l'Autriche. A en juger superficiellement, celle-ci ne pourra être très dangereuse si les mesures des Allemands sont fermes et décisives.

Reste donc à considérer la politique de la France sous ce point de vue. Quelle sera-t-elle? Aura-t-elle égard aux intérêts des deux nations et à ceux de toute la civilisation, ou ces sortes de considérations, qui inspirent ordinairement des relations de cour à cour, des liaisons diplomatiques, auront-elles le pas, comme dans une question de cérémonie? Nous ne le savons pas, nous n'avons encore rien compris de la politique française, et peut-être nous ne la comprendrons jamais. Donc, ne pouvant y découvrir un but déterminé, nous n'en parlerons pas; mais qu'il nous soit permis seulement de dire ici, par rapport à l'Allemagne pour qui il est d'une importance majeure de bien connaître les vues de la France dans un mouvement éventuel, serait-il possible que la majorité du peuple français, un peuple ayant déjà atteint une population de trente-quatre-millions, convoitât encore les provinces Rhénanes, et qu'on considérât le Rhin, depuis Strasbourg à la mer, comme la frontière naturelle de la France, jusqu'où elle devrait chercher à s'étendre? Si tel est le cas, comme nous avons le droit de le présumer par l'aveu public de plusieurs organes de la législation et de la presse, nous prions qu'on veuille bien nous permettre, en conclusions, les trois observations suivantes : 1° Que le peuple *Allemand* du côté gauche du Rhin a reçu, depuis la Restauration française, un motif nouveau pour ne pas désirer l'union avec la

France, parce que celle-ci a eu depuis ce temps ses impôts doublés, sinon triplés, pendant que les provinces en question sont restés sans aggravation ultérieure. 2º Que si le Rhin, depuis Bâle jusqu'à Strasbourg, peut être considéré comme une frontière passablement bonne, parce qu'il y a, des deux côtés de la rivière, des marais de trajet difficile, ce fleuve devient, à mesure que la navigation et le trafic augmentent, une très mauvaise frontière, c'est-à-dire un terrain, si nous pouvons parler ainsi, où non-seulement tous les intérêts individuels et journaliers, mais aussi les antipathies nationales (s'il en existe) seront dans une lutte éternelle, et ne tarderont pas à éclater et à amener des collisions fâcheuses, dans le cas où les deux rivages appartiendraient chacun à une autorité différente. Le canal du Rhin, du moins jusqu'à Dusseldorff, est trop étroit pour permettre une juridiction divisée. La navigation libre, sous des termes convenus quant aux règlements de police, sera beaucoup mieux établie, à ce que nous croyons, sous une seule autorité, aussitôt que les gouvernements respectifs voudraient réellement rester en état de paix et d'amitié entre eux.

Quant à la troisième et dernière réflexion dont le développement formel des arguments pour et contre, sous des points de vue différents, serait d'une longueur qui nous effraie, d'autant plus qu'il nous manque les connaissances nécessaires de détails industriels et mercantiles, deux mots suffiront en forme de souhait politique : Que les peuples Français et Allemands se rapprochent autant que possible dans leurs vues tant politiques qu'industrielles ! Que toute

crainte d'attaque mutuelle disparaisse à jamais! Leurs
gouvernements n'auront alors qu'une même politique à suivre, et cette politique décidera de la paix
continentale et du développement de la civilisation
européenne et progressive. Contre cette politique,
appuyée par tous les États moyens et petits de l'Europe, viendra se briser toute politique envahissante
par terre et par mer. On n'entendra plus alors l'expression anti-sociale de *supériorité nationale.* Encore
moins, en aspirant à la gloire véritable, une nation
cherchera-t-elle à la trouver dans une telle supériorité!

FIN.

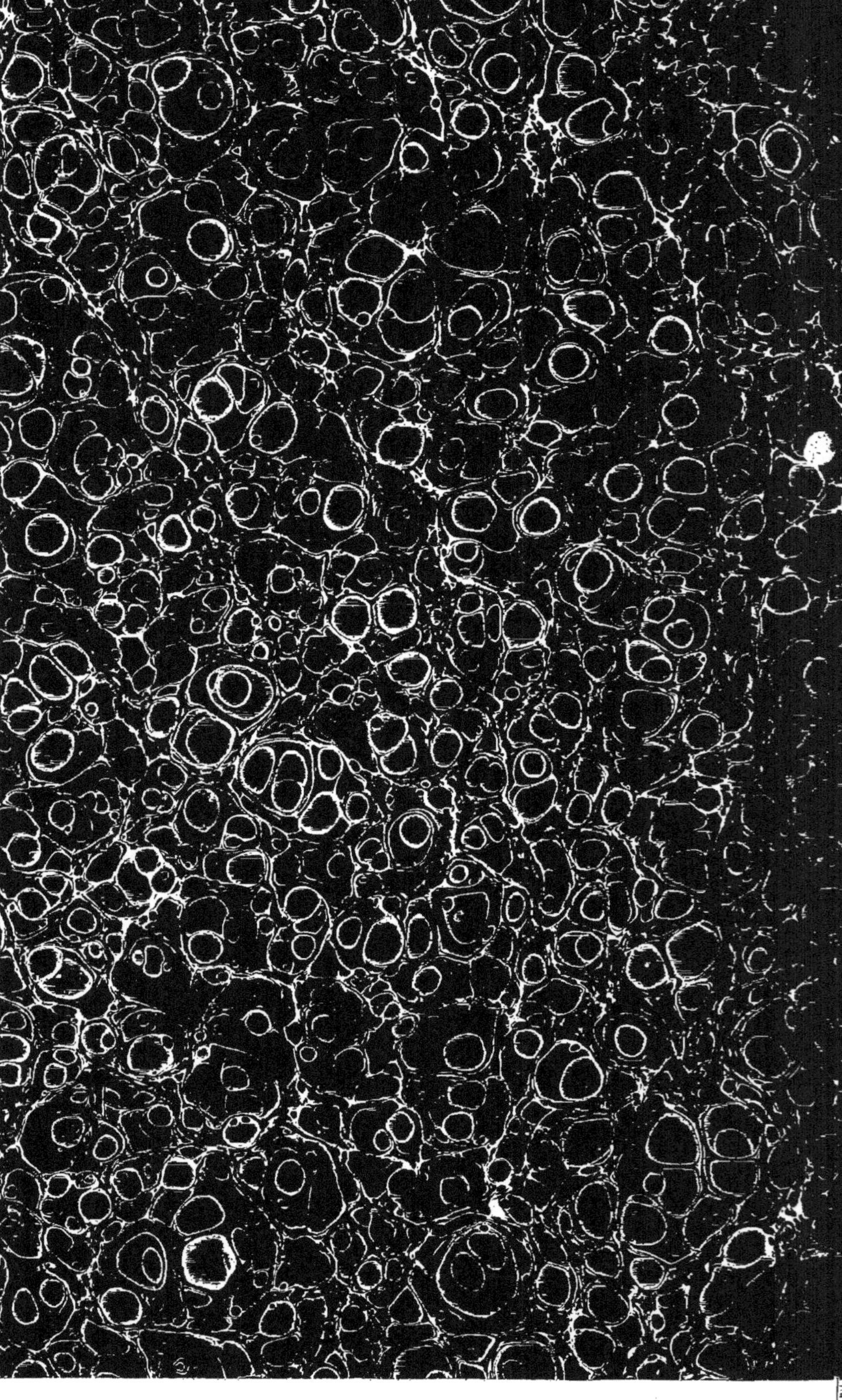

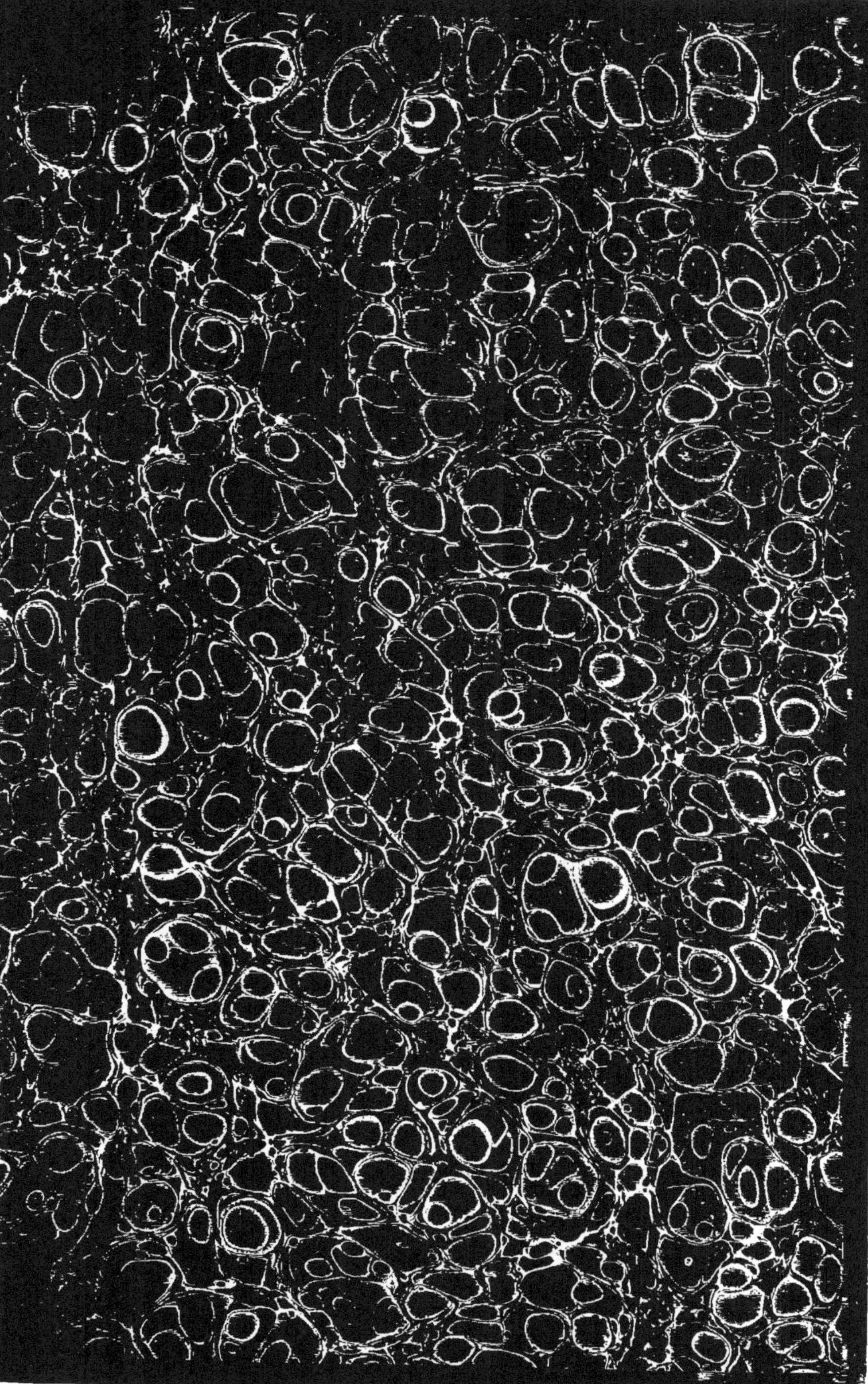